新型职业农民培育系列教材

现代农业生产经营

衣明圣　曹德贵　杨光领　主编

中国林业出版社

图书在版编目(CIP)数据

现代农业生产经营 / 衣明圣，曹德贵，杨光领主编
. — 北京 ：中国林业出版社，2017.6（2018. 10重印）
新型职业农民培育系列教材
ISBN 978—7—5038—9065—9

Ⅰ. ①现… Ⅱ. ①衣… ②曹… ③杨… Ⅲ. ①现代农业—农业经营—教材 Ⅳ. ①F306

中国版本图书馆 CIP 数据核字(2017)第 136341 号

出　版 中国林业出版社(100009　北京市西城区德内大街刘海胡同 7 号)
E-mail Lucky70021@sina.com　**电话**（010)83143520
印　刷 三河市祥达印刷包装有限公司
发　行 中国林业出版社总发行
印　次 2018 年10月第 1 版第 2 次
开　本 850mm×1168mm　1/32
印　张 8
字　数 240 千字
定　价 28. 80 元

《现代农业生产经营》

编委会

主　编　衣明圣　曹德贵　杨光领

副主编　王晓林　周晓吉　王延朴
张现丛　张龙芬　哈斯尔
黄维勤　魏　倞　闫军花
左　利　侯瑞林　王建威
洪建新　王裕官　罗映秋
覃锦芳

编　委　（按姓氏笔画排序）
于　飞　王书芳　王　宁
王晓帅　吕东条　刘小莉
刘世盛　李　晓　张代成
张　旭　张　狄　周婷姗
姜雪飞　姚光宝　高　敏
黄绪甲　穆艳丽

前　言

由传统农业向现代农业转变，是世界农业发展的共同趋势。各国的农业生产经营方式和内容，都已经或正在发生着变化，而变化的共同指向，就是构建并完善现代农业经营体系。

构建新型农业经营体系，是增强农业发展动力和活力的需要。而构建新型农业经营体系，一是要培育新型农业经营主体，如专业种养大户、家庭农场、农产品生产和加工龙头企业，建立农业社会化服务体系。二是重视尖端农业创新技术的重大突破和普及应用，增加科技投入，推进农业技术创新。三是要培养高素质的有文化、懂技术、会经营的新型职业农民群体。

本书在编写时力求以能力本位教育为核心，语言通俗易懂，简明扼要，注重实际操作。主要介绍了新型职业农民是现代农业建设的主体、现代农业、专业大户与家庭农场、农民专业合作社、农业社会化服务、农产品质量安全、农产品市场营销、建设美好乡村打造生态文明家园、美丽乡村建设、利于农业发展的政策等方面的内容，本书可作为相关从业人员的培训教材。

编　者

目 录

模块一　新型职业农民是现代农业建设的主体

新型职业农民以农业为职业，主要收入来自农业。他们可以是善经营、会管理的专业大户、家庭农场主，可以是掌握农业专业技能的技术农民，可以是提供社会化服务的专业机构从业人员。新型职业农民肩负着确保国家粮食安全和农产品有效供给、保护农业生态环境等社会责任，是现代农业建设的生力军。

第一节　职业农民是农业的生力军

一、吃饭要靠职业农民

根据国家统计局 2015 年的数据，中国人口已经达到 13.7 亿。中国人每年粮食消费超过 5 亿吨。2015 年，全国粮食总产量约为 6.2 亿吨。这么多的粮食，靠谁来生产？主要靠农民。但目前农民生产的粮食并不能满足中国人的消费需求，2015 年，中国进口粮食约 1.24 万吨（见图 1-1）。随着城乡一体化的发展和人口的增长，中国的耕地在减少，对粮食的需求在增大。如何在有限的土地上生产出足够消费的粮食？这需要提高农业的生产率。

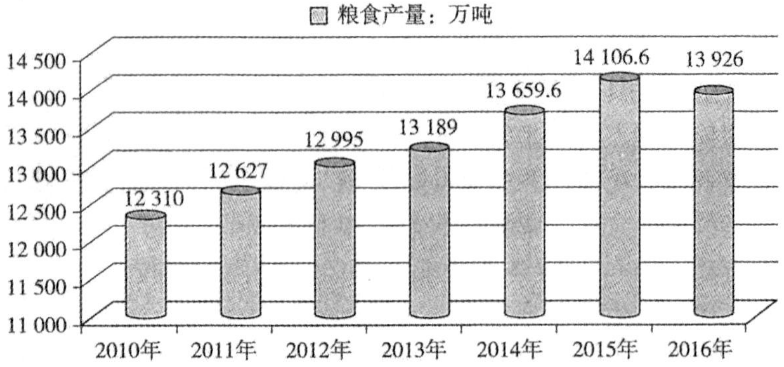

图 1-1　2010～2016 年中国夏季粮食产量走势(引自中国产业信息网)

一亩[①]地能产多少粮食？2011 年，我国水稻的平均亩产为 445.82 千克，玉米平均亩产为 383.2 千克，小麦平均亩产 323 千克(见图 1-2)。

图 1-2　小麦生产

如果种水稻，普通农民一般亩产 400 多千克，袁隆平的水稻亩产能达到 988 千克。如果种小麦，普通农民一般亩产 300 多千克，河南的科技攻关田能达到亩产超过 800 千克。如果种玉

① 1 亩≈667 平方米

米，收成好的年份，普通农民亩产能收获400千克，一些种田能手，亩产能达到600千克；而吉林省乾安县种粮大户金英敏的玉米亩产能达到1085.43千克；黑龙江省胜利农场的农民任崇金的玉米亩产能达到1097千克；新疆专家的玉米亩产曾高到1500千克。

同样是种地，为什么会有这么大的差距？如果农民种地的产出，都能达到种粮大户金英敏、农场农民任崇金或者新疆专家种玉米的水平，中国就不再需要进口粮食，甚至可以把节余的粮食出口。

二、如何实现土地高产、提高生产效率

(一)农业生产率的提高需要长期从事农业生产的新型职业农民

农业生产是具有地域性和对实践经验具有较大依赖的活动，农业具有周期长的特点，土地需要精心呵护、地力需要长期培植，有了稳定的从业者，才可能积累农业生产经验、提高农业生产水平，实现农业的可持续发展。这就需要农民像从事其他职业的人一样，把从事农业生产劳动作为自己的终身职业，要有文化、懂技术、会经营，从而保证较高的农业生产率。

(二)农业生产率的提高需要懂农业生产技术的职业农民

农业生产需要长期的经验积累，只有职业农民才具备长期积累农业技术和经验的可能，只有掌握了诸如良种、农膜、灌溉、施肥、农业机械等一系列农业技术，才能顺利发展现代农业，让生产活动获得更好的收益。与传统农民和非职业农民相比，职业农民可以营造更好的地力条件、更优的品种选择、更适合的应用技术、更完善的措施，还有对生产过程更专业和精心的守护。

据研究，从事种植业的农民如果懂技术，每亩产值可以达到不懂技术的农民的2～5倍；种烤烟的农民如果懂技术，每亩产值可以达到4000元，而不懂技术的农民每亩产值可能只有几百元。

和种植一样，养殖需要思考鸡鸭、鱼虾、牛羊怎样饲养才可以提高肉质和营养。懂得饲料搭配技术，能降低饲养成本；懂得防疫技术，能避免大规模的畜禽死亡。重庆永川的农民张正群承包了100多亩山林，建起了家禽养殖基地。第一批饲料土鸡出栏，收益不错。但因缺乏养殖技术和管理技术，2013年因禽流感损失较大。参加创业培训认识的西南农业大学教授建议他养中药鸡，中药鸡以滋补中药材加五谷杂粮作为主食，昆虫及菜叶为辅，采取园林式放养，到2014年端午节的时候，中药鸡已经发展到供不应求。他深刻体验到技术的重要性。

（三）农业生产率的提高需要熟练使用现代化农业机械的职业农民

河南省鹤壁市南苏村有1930口人，原来主要种植小麦和玉米，村民人均年收入6000元。村里的22名种田能手成立农机合作社，使用现代化的农业机械，可以轻松代管全村3000多亩土地。扩大了经营规模，也大大提高了农民的人均年收入（见图1-3和图1-4）。

在耕、种、管、收各个环节，新型职业农民都会使用各种农业机械：翻耕机、旋耕机、播种机、插秧机、喷药机、联合收割机、采摘机、自走式青储收获机、甘蔗收获机、烘干机、秸秆处理机、搂草机、翻晒机、打捆机等。农业机械能够大大提高生产效率，降低农民的劳动强度，使农民不再被繁重的劳动所束缚。随着农业现代化不断向前发展，“面朝黄土背朝天”已经不再是新型职业农民的写照。农业技术一直处于发展之中，这要求职业农民终身学习，不断掌握新的技术。

图 1-3　农业机械化

图 1-4　无人机喷药

(四)农业生产率的提高要求职业农民有学习能力和创新能力

要做职业农民,要学习生产技术,学习使用现代化农机,这都需要职业农民有很强的学习能力。现在的农村,已经普遍实现了通公路、通电话、通电视、通互联网,在这样的环境下,职业农民也需要学习计算机操作、使用互联网、使用手机通信等方面的技术。农村地广人稀,出行一般需要机动车,职业农民也应该学习机动车驾驶技术及一定的修理技术等。

三、职业农民构成现代农业经营主体

现在大多数农户都是独立的生产经营者,对生产安排往往缺乏科学的预见,活计的安排、成本的控制、收益的增长等基本上没有经营管理的概念,认为一家一户,人少地少,懂不懂经营管理,都一样种地,从来没有把种田当作一项产业来进行科学的经营,没有运用过理性的会计制度计算成本收益,也不会通过把握或者创造市场机会来实现利润最大化。不少农民因为受教育水平的限制，不懂科学种养技术，盲目购买和使用农资，生产与市场脱节的事情常常发生，这都会阻碍农民收入的提升。

现代农业生产是面向市场的，新型职业农民必须面对市场的激烈竞争。如果不懂得市场规律，不能按照市场规律进行经营，不但没有效益，还可能导致血本无归。在2008年春天，猪肉价格猛涨，达到每千克28元以上，生猪的价格也水涨船高，达到每千克19元。不少人就想靠养猪赚大钱。个别农民在5月份时花了每头600元的价格买回仔猪，但养到该出栏的时候肉猪的价格降到每千克11元左右，而这时的仔猪价格降到了每头180元。让一些养猪户欲哭无泪。怎样才能规避这种经营风险呢？这就要求养殖户要懂得市场规律，要会经营（见图1-5）。所以，不会经营就不能成为一个适应现代社会发展的新型农民。

图1-5 玉米青饲料喂猪

四、新型职业农民要学会经营

新型职业农民作为市场主体，他们生产的目的在于为市场提供农产品，使农产品充分地进入市场，并通过利用市场信息、提高产品质量、调整农产品结构、延长农业产业链条和利用农业的多功能性等满足消费者的需求，通过一切可能的选择追求报酬最大化，充分利用市场机制和规则实现利润最大化。

这就要求新型职业农民学会经营，学会生意经，学会闯市场。即使是家庭作坊式的生产，其产品也是要到市场去进行交换的商品。有了一手好技术，也许可以生产出品质好的商品，但如果不会经营，还是不能保证获得市场价值。

怎样就算是会经营呢？

一是要学会调查市场，把握市场动态。要知道市场需要什么，缺什么，以决定自己拿出什么产品去满足市场。不能不去了解市场需要而去跟风，看到人家的种植或养殖赚钱，自己也去跟样学样，结果导致赔的可能比赚得多。

二是要学会企业管理。要能够有效地组织和运用各种生产要素，包括劳动力、资金、设备、原材料、燃料、专有技术、商标等，确保以较低的投入获得较高的产出，以提高经济效益。

三是要学会营销技巧。商品只有卖出去，才能实现价值。如果没有卖出去，即使生产得再多，质量再好，也不能认为是赚了钱。及时把商品卖出去，卖到好价钱，并且能按时回收货款，而且这种交易要能够持续进行，这就需要很好的营销技巧。这其中包含很多具体的技巧，如农产品品牌的树立和宣传，谈判的方法，处理危机的技巧等，都是新型职业农民应具备的素质。

四是要组织起来，合作社被认为是保护和实现农民利益的最有效组织，新型职业农民一般具有较大的经营规模，对合作的需求比较强烈。只有新型职业农民实现了广泛的联合与合作，才能提高谈判能力，降低交易成本，达到保护农民利益的目的。

五、职业农民是新农村建设的中坚力量

“生产发展、生活宽裕、乡风文明、村容整洁、管理民主”是新农村建设的主要内容(见图1-6)。要实现这些目标,新型职业农民发挥着重要作用。农民对土地有感情,但力不从心,难以成为现代农业的经营主体。兼业农民以务工为主,无暇顾及乡村建设。只有新型职业农民才能成为农业生产和乡村建设的最主要力量。新型职业农民有知识、有文化,接受新生事物迅速,能获得最新的信息,掌握最新农业科技,也有组织意识和组织能力,往往成为村里致富的带头人。新型职业农民有头脑,具有参与村级事务的意识和能力,为参与村级管理和民主决策提供了基础,往往会成为村级干部和骨干力量。近年来,一些返乡创业青年,一些从乡村走出去致富不忘乡亲、返乡带领乡民共同发展的有识之士,他们与乡村精英一起共同构成了新型职业农民群体,成为乡村经济发展、文化建设和乡风文明等方面重要的推动力量。

图1-6 村容整洁

富裕起来的乡村,对物质和精神文化方面都有了更高需求,民居的改造,乡村基础设施的建设与维护,乡村卫生与环境保护,乡村文化活动与乡村治理等,若没有高素质的新型职业农民

群体参与是不可能实现的。

第二节　职业农民必备的意识

一、保障国家粮食安全

爱国体现的是人们对自己祖国的深厚感情，反映了个人对祖国的依存关系，是人们对自己故土家园、民族和文化的归属感、认同感、尊严感与荣誉感的统一。爱国调节的是个人与祖国之间的关系。对农民来说，把地种好，生产出量多质优的农产品，维护国家的农业安全，满足人民的需要就是爱国的最为集中的表现（见图 1-7）。

图 1-7　保障国家粮食安全就是爱国（方福平供稿）

粮食安全是国家长治久安的重要基石。古人讲，民以食为天。对中国这样的人口大国，粮食安全尤为重要，任何时候都不能掉以轻心。随着人口的增长和城镇化发展，全社会对粮食及其转化产品的消费大幅度增长。

新型职业农民是现代农业发展的主体，承担着国家农业安全的重要职责，各种现代农业经营主体，如发展家庭农场、专业大户、农民合作社等是新型职业农民的重要存在形式。新型职业农民要认识到农业对国家安全的重要意义，始终把发展农业作为农民的首要责任，特别是承包大户、家庭农场、龙头企业等新型主体，不能见利忘义，不能擅自改变耕地用途搞非粮化、非农化，要始终把维护国家的农业安全放在首位。

二、遵纪守法

毁林毁青案件在农村一些地方频发不断，严重影响了农村的生产秩序，挫伤了农民的生产积极性。此类案件的起因往往是由于土地、林地承包过程中农民之间产生的矛盾，有的是邻里之间或宅基地引发的矛盾转移，而有的是眼红他人发家致富从而打击报复等。现代社会的运行和发展需要规则，只有人人懂规矩、守规则，社会才能和谐发展（见图 1-8）。遵纪守法是每个公民的责任和义务。但是也应该看到，乡村的违法现象时有发生，导致各种纠纷和冲突，由于法律意识淡薄，农民也常常成为各种欺骗和陷阱的受伤者。

图 1-8 “信了赌，卖了屋”宣传语

作为新型职业农民必须具备一定的法律知识。

一方面，新型职业农民要学法、懂法、自觉遵守法律，从而避免因为不知法而违反法律。特别是要熟悉与农业、农产品有关的法律法规，如《中华人民共和国农业法》、《农业技术推广法》、《种子法》、《森林法》、《野生动物保护法》、《农业转基因生物安全管理条例》、《植物检疫条例》、《基本农田保护条例》、《农药管理条例》、《野生植物保护条例》、《自然保护区条例》、《退耕还林条例》、《农产品质量安全法》等。通过学习法律懂得新型职业农民的角色规范，明确自己的权利、责任和义务（见图 1-9）。

另一方面，新型职业农民要注意保护自己的各种合法利益不受侵犯，要掌握一些基本的民法知识如合同法、物权法、婚姻法、继承法等以及行政法的基本知识。比如，职业农民在进行经营的有些情况下需要签订合同，以免发生纠纷的时候处于不利地位，无法维护自己的权益。

图 1-9　法必遵

目前在农村，容易引起违法事件的问题包括土地承包、发包、开发、使用权归属纠纷突出；侵害农民群众利益的事件处理不当，干群、警群关系紧张；因争地、争林、争水、争路等原因，造成宗族之间、乡邻之间纠纷不断；涉毒犯罪、吸毒人员居高不下，严重影响社会稳定；少数地区打架斗殴成风，局部地区农村流氓恶势力和带有一定黑社会性质的犯罪团伙较长时间存在；局部地区农村宗族势力操纵村务，封建迷信活动盛行。

为建设社会主义新农村，营造良好的法治环境，新型职业农民有义务和责任从我做起，成为遵纪守法的榜样。

三、负责任

作为社会中的公民，社会保障公民享有权利，公民也要承担社会责任，只有这样，公民和社会之间的相互责任承担才会进入良性循环，有助于社会和谐发展。如果公民只想享受权利，不愿意承担任何责任，那么公民和社会之间的相互责任承担，会陷入恶性循环。

在最基本的层面上，社会责任意识表现为遵纪守法、正派为人、正确做事、有公德心。在公共场合不随意吸烟、不乱吐痰、不乱扔垃圾、不影响公共环境、有环境保护意识，等等则是最基本责任行为。

农业作为社会中最重要的领域之一，负有为社会提供安全农产品的责任。

中国农民具有优良的社会责任传统，如珍惜土地、保护环境、诚实守信，尊重自然等。农民是一个天然的对土地和环境负责任的群体，每年可以看到的全国各地农民抗旱播种、抗洪救灾、平整土地、修建梯田、挖渠引水、邻里互助等，都是农民责任心和责任行为的具体表现。

第三节　职业农民的精神

一、职业农民要讲信用

“人无信不立，家无信不睦，商无信不兴，友无信不真，国无信不强”。无论对一个人、一个家庭、一个企业、一个民族，还是一个国家来说，诚信都至关重要。对人以诚信，人不欺我；对事以诚信，事无不成。一个人人都讲诚信的社会必将是一个文明、和谐的社会。海南省屯昌县新兴镇群发养猪农民专业合作社理事长陈延发，2008 年第一次向农信社贷款时额度仅为 5000 元，经过 7 次贷款后，凭借优良的信用记录获得了 10 万元的“一小通”循环贷款额度。信用好的农户贷款额度不断提升，可以帮助农民发展生产和解决生活中的很多问题。

新型职业农民的诚信建设，不仅促进了农村和谐、为农业产业化创造了良好的发展环境，而且对增加农民收入、改善生活条件起到了巨大的带动作用。但是，我们不得不承认，农民中也存在很多诚信缺失的现象。“人无信不立”，这个中华民族的千古信条，而今却面临着极大的挑战。

现代市场经济同时也是信用经济，需要良好的信用支撑，它要求人们在社会经济活动中以诚信为本，具有重承诺、守信用、讲信誉等良好品质。靠良好的信誉赢得市场的经营主体会获得丰厚的回报。如果丧失诚信，消费者会拒绝购买经营者的产品，会给生产经营带来巨大危害。没有诚信的经营无法在市场经济的竞争中生存和立足。以诚为本、诚实经营，才能立于不败之地。

如果农民在农产品生产中缺乏诚信精神，一是使消费者买到劣质和不安全的农产品概率增大，增加交易主体的防御成本；二是导致市场秩序混乱、萎缩甚至消亡。轻则伤害的是农产品消费者的购买信心，重则危害消费者的人身健康，甚至会阻碍中国农业的国际竞争力。缺乏诚信精神最终受害的是全社会，也包括农民自己。诚信精神在任何行业中都是十分重要的品德，对新型职业农民而言更应受到推崇和重视。

二、遵守契约

契约，一般指的是文字合同契约，是订立契约的双方或多方就有关买卖、抵押、租赁等关系订立的文书。

在我们的生活中，契约关系十分普遍，如婚姻其实就是一种契约关系，夫妻双方的相互信任是签订契约的前提，信用伦理是履行契约的支撑。结婚证便相当于书面契约，让夫妻双方对家庭负有责任和担当。履行契约规定，可以让夫妻和睦，家庭美满。现在的市场经济，是一种契约经济。在农业生产中，现在越来越多的经营需要签订合同，合同就是保证买卖双方利益的契约。

云南省多地政府积极推广订单农业，引导农民在种植玛卡前就和公司签订销售协议，从而规避市场价格波动风险。如果与玛卡企业达成协议，村民不仅可以免费获得种苗，还可以获得相应补偿，按照协议收购价每亩地收入近万元。但是，不少种植玛卡的农民与玛卡商户签订了订单，却不执行订单，导致商户损失。在碰上价格上涨的时候，为了获取更多收益，农户不愿意和企业签订合同。但有村民认为，收获时玛卡行情“可能更好”，不愿意贱卖。不料 2016 年收获阶段，玛卡价格暴跌，农民欲哭无泪。如果当初签了订单，就不会面临价格暴跌所带来的风险。

如何保证契约双方履行自己的义务，是维护市场经济秩序的关键。一方面，我们强调市场经济是法治经济，用“法律”的手段，来维护市场的“秩序”；同时，我们还必须用道德的力量，以“诚信”的道德觉悟，来维护正常的经济秩序。市场经济的健康运行，不仅靠对违法者的惩处；更重要的，要使大多数参与竞争的人，能够成为竞争中的守法者，成为一个有道德的人。人们想方设法获取利益，人和人之间的交往就无法进行。违反契约，市场经济的正常秩序是根本无法建立起来的。

三、现代农业离不开科学技术

靠科技致富的例子不胜枚举，不懂科学技术知识而导致失败的例子也不在少数。一些人凭着一股热情承包耕地，但不懂农业技术导致投资血本无归；一些人不懂施肥灌水技术，导致农产品品质下降。新型职业农民唯有熟练掌握科学技术才能不断提高农业劳动生产率，提高农产品的产量，改进农产品的品质，并减少有害生物和不良自然条件造成的损失。

新型职业农民不仅要善于运用农业科技，同时还是实用技术的研究者和贡献者。最近一些年涌现不少农民育种专家、农业机械发明家，大量的新设施、新栽培方法、新的管理技术都是出于“田秀才”之手。各类新技术、新理念都是在新型职业农民这里汇集、实验、扩散，新型职业农民应该成为农业实用技术推广与应用的带头人。

四、热爱农业

农业生产是一个依赖经验的行业，只有在长期的实践中不断积累各种生产经验，才能成为种田能手。因此，要求新型职业农民首先要尊敬和热爱自己所从事的农业生产或经营活动，培养踏实认真、尽职尽责、爱岗敬业的工作态度，努力成为农业生产与经营的行家里手。这既是对社会承担职责和义务，又是对自我价值的肯定和完善。在生产过程中，以诚信的态度对待生产的每一个环节，不违规使用农药，不破坏生态环境，按照科学程序和标准进行生产，为社会提供充足、优质、安全的农产品。在销售过程中，实事求是，童叟无欺。

新型职业农民要对自己从事的工作高度负责，不断提高技术水平。农民的很多工作都在户外，主要是和大自然打交道，不仅常常要经历日晒雨淋，还要时刻准备与自然灾害作斗争，风、雹、旱、涝、低温、高温、虫害病害等经常会威胁农作物的安全，农民需要勤劳，需要持久的耐力和顽强的毅力，没有对农业的热爱和兴趣是难以坚持的。

新型职业农民需要不断创新。农业生产的每一个环节都是一个充满创造力的活动，新型职业农民不仅要把已有的科技创造性地运用于生产，而且要不断地发现新问题，创造出解决问题的新方法。面对世界科技进步日新月异的挑战，面对农业现代化的巨大需求，新型职业农民需开阔眼界，紧跟世界潮流，自主创新，不断前进。

努力进行农业生产，保障农产品的安全，创造社会效益，为社会服务，应该成为新型农民的职业理想。作为新型职业农民，在农业生产和经营中应保持积极的态度，更好地履行自己作为职业农民的职责。在农业生产和经营过程中，新型职业农民应对自身行为的结果和影响作出评价，用理性的态度对待农业生产、对待各类技术和各种利益的诱惑，自觉地履行现代农业生产经营者的职业责任，不断提高自己的职业技能，成为熟练的、有职业良心和职业信誉的从业者。

模块二 现代农业

农业是国民经济的基础产业，也是关系百姓生计的民生产业。我国农业不仅要解决十几亿人口的吃饭问题，而且还要满足工业原料不断加大的需求。与此同时，农业还承担着农民增收、确保食品质量安全的任务。面对诸多挑战，传统的农业增长方式已经不可能完成农业的使命。因此，必须改造传统农业，发展现代农业。

党的十六大以来，党中央就开始了全面推进“三农”实践创新、理论创新、制度创新的战略，党的十八大进一步提出了加快发展现代农业，增强农业综合生产能力的要求。加快发展现代农业，进一步增强农村发展活力是再创农村改革发展新辉煌的重要举措。发展现代农业是党中央的重大决策，是历史发展的必然选择，具有十分重大的现实意义。

第一节 现代农业的特征和内在要求

一、现代农业的概念、特征与要素

(一)现代农业的概念与内涵

1. 现代农业的概念

现代农业是广泛应用现代科学技术、现代工业提供的生产资料和科学管理方法进行的社会化农业。它是在近代农业的基础上发展起来的以现代科学技术为主要特征的农业，是广泛应用现代市场理念、经营管理知识和工业装备与技术的市场化、集约化、专业化、社会化的产业体系，是将生产、加工和销售相结合，产前、产中与产后相结合，生产、生活与生态相结合，农业、农村、农民发展，农村与城市、农业与工业发展统筹考虑，资源高效利用与生态环境保护高度一致的可持续发展的新型产业。

2. 现代农业的内涵

现代农业是一个动态的和历史的概念，它不是一个抽象的，而是一个具体的事物，它是农业发展史上的一个重要阶段。

从发达国家的传统农业向现代农业转变的过程看，实现农业现代化的过程包括两方面的主要内容：一是农业生产的物质条件和技术的现代化，利用先进的科学技术和生产要素装备农业，实现农业生产机械化、电气化、信息化、生物化和化学化；二是农业组织管理的现代化，实现农业生产专业化、社会化、区域化和企业化。

(1)现代农业的本质是用现代工业装备的，用现代科学技术武装的，用现代组织管理方法来经营的社会化、商品化农业，是国民经济中具有较强竞争力的现代产业。

(2)现代农业是以保障农产品供给，增加农民收入，促进可持续发展为目标，以提高劳动生产率，资源产出率和商品率为途径，以现代科技和装备为支撑，在家庭经营基础上，在市场机制与政府调控的综合作用下，农工贸紧密衔接，产加销融为一体，多元化的产业形态和多功能的产业体系。

(3)现代农业处于农业发展的最新阶段，是广泛应用现代科学技术、现代工业提供的生产资料和科学管理方法的社会化农业，主要指第二次世界大战后经济发达国家和地区的农业。

（二）现代农业的特征

现代农业广泛应用现代科学技术、现代工业提供的生产资料和科学管理方法，具有以下几个方面的特征：

1．现代农业具备较高的综合生产率

现代农业因广泛应用现代科学技术、现代工业提供的生产资料和科学管理方法，具有较高的经济效益和更强的市场竞争力等，从而具有较高的综合生产效率，包括较高的土地产出率和劳动生产率。这是衡量现代农业发展水平的最重要标志。

2．现代农业具有可持续发展的特点

在现代农业条件下，农业发展本身是可持续的，而且具有良好的区域生态环境。广泛采用生态农业、有机农业、绿色农业等生产技术和生产模式，实现淡水、土地等农业资源的可持续利用，达到区域生态的良性循环，农业本身成为一个良好的可循环的生态系统。

3．现代农业具有高度商业化的特征

现代农业的生产主要为市场而生产，具有较高的商品率，通过市场机制来配置资源。商业化是以市场体系为基础的，现代农业要求建立非常完善的市场体系，包括农产品现代流通体系。离开了发达的市场体系，就不可能有真正的现代农业。农业现代化水平较高的国家，农产品商品率一般都在90%或以上。

4．现代农业应用现代化的物质条件

以比较完善的生产条件，基础设施和现代化的物质装备为基础，集约化、高效率地使用各种现代生产投入要素，包括水、电力、农膜、肥料、农药、良种、农业机械等物质投入和农业劳动力投入，从而达到提高农业生产率的目的。

5. 现代农业采用先进的科学技术

广泛采用先进适用的农业科学技术、生物技术和生产模式，改善农产品的品质、降低生产成本，以适应市场对农产品需求优质化、多样化、标准化的发展趋势。现代农业的发展过程，实质上是先进科学技术在农业领域广泛应用的过程，是用现代科技改造传统农业的过程。

6. 现代农业采用现代管理方式

广泛采用先进的经营方式，管理技术和管理手段，从农业生产的产前、产中、产后形成比较完整的紧密联系、有机衔接的产业链条，具有很高的组织化程度。有相对稳定、高效的农产品销售和加工转化渠道，有高效率的把分散的农民组织起来的组织体系，有高效率的现代农业管理体系。

7. 现代农业由高素质的职业农民经营

具有较高素质的农业经营管理人才和职业农民，是建设现代农业的前提条件，也是现代农业的突出特征。

8. 现代农业采用现代经营模式

现代农业实现生产的规模化、专业化、区域化，从而达到降低公共成本和外部成本，提高农业的效益和竞争力的目的。

9. 现代农业拥有完善的政府支持体系

现代农业的建立必须有与之相适应的政府宏观调控机制，有完善的农业支持保护的法律体系和政策体系，从而能有效地推动农业实现持续、快速、健康发展。

(三)现代农业的要素

1. 用现代物质条件装备农业

现代农业的发展,需要以较完备的现代物质条件为依托。改善农业基础设施建设,提高农业设施装备水平,构成现代农业建设的重要内容。只有加快农业基础建设,不断提高农业的设施装备水平,才能有效突破耕地和淡水短缺的约束,提高资源产出效率;才能大大减轻农业的劳动强度,提高农业劳动生产率;也才能提高农业的抗灾减灾能力,实现高产稳产的目标。

2. 用现代科学技术改造农业

科学技术是第一生产力,依靠科学技术实现资源的可持续利用,促进人与自然的和谐发展,日益成为各国共同面对的战略选择。科学技术作为核心竞争力日益成为国家间竞争的焦点。随着社会经济的不断发展,促进农业科技进步,提高农业综合生产能力,提高农业综合效益和竞争力,成为加快推动现代农业建设的重要内容。传统农业由于科技含量普遍较低,生产经营效率低下,综合效益明显不足。因此,必须用现代科学技术改造农业,大力推进农业现代化建设,不断增强农业科技创新能力建设,加强农业重大技术攻关和科研成果转化,着力健全农业技术推广体系,从而有效提高农业产业的科技技术装备水平,为现代农业发展提供强有力的科学技术支撑,为农民增收、农业增效与农村发展创造更为有利的条件。

3. 用现代产业体系提升农业

现代农业产业体系是集食物保障、原料供给、资源开发、生态保护、经济发展、文化传承、市场服务等产业于一体的综合系统,是多层次、复合型的产业体系。现代农业的发展,需要将生产、加工和销售相结合，也需要将产前、产中与产后相结合，从而有效促进现代农业的产业化发展目标的实现。用现代产业体系提升农业，成为现代农业发展的重要内容。在构建现代农业产业体系，推进农业现代化发展进程过程中，需要推进农村劳动力转移就业，壮大优势农产品竞争力，培植农产品加工龙头企业，打造农产品优质品牌等；同时，还必须进一步完善投入保障机制、公共服务机制、风险防范机制等保障机制建设，不断提高农业的产业化发展水平，为现代农业的产业化发展创造有利条件。

4. 用现代经营方式推进农业

现代经营方式具有市场性、高效性特点，有利于调动农业参与者的积极性与创造性，能大幅提高农业生产资料的运用效率，进而有利于增加农业产业的综合效益。同时，党的十八大报告明确提出，要大力发展农民专业合作和股份合作，培育新型经营主体，发展多种形式规模经营，构建集约化、专业化、组织化、社会化相结合的新型农业经营体系。这为我国现代农业经营方式的选择确定提供了有效依据。构建集约化、专业化、组织化、社会化相结合的新型农业经营体系，大力培育专业大户、家庭农场、专业合作社等新型农业经营主体，发展多种形式的农业规模经营和社会化服务，是我国发展现代农业的必由之路。

5. 用现代发展理念引领农业

发展理念对现代农业产业发展产生着极为重要的影响，现代农业的发展需要先进的发展理念来引领。为此，现代农业的发展需要树立先进的发展理念：一是可持续发展理念。农业发展是关系国计民生的“大问题”，现代农业更代表着农业产业发展的主流方向，需要始终坚持可持续发展理念，积极采用生态农业、有机农业、绿色农业等生产技术和生产模式，尽最大可能实现经济效益、社会效益和生态效益的完美统一；二是工业化发展理念。要实现现代农业的跨越式发展，必须借鉴工业化发展模式，对农业实行“工厂化”管理与“标准化”生产，进一步延长农业的产业链，不断提高农副产品的生产效率与品质，有效增强农业产业的深加工能力，大幅增加农业产业的附加值；三是品牌化发展理念。商品品牌具有显著的品牌效应，是企业无形的宝贵资产。因此，现代农业发展需要牢固树立品牌意识，积极实施农产品商标战略，着力打造知名品牌，积极发展品牌农业、绿色农业。此外，现代农业发展还需要树立集约化发展理念、全局协同发展理念等，以满足适应社会经济现代化的发展需要。

6. 用培养新型职业农民的办法发展农业

我国是一个农业大国，但却缺乏职业农民的观念。现有的传统农民已经明显不能满足现代农业的发展要求，新型职业农民的培养对我国农业的现代化发展极为重要。新型职业农民是指“有文化、懂技术、会经营”的以农业作为专门职业的农民，是农业现代化发展的主要实践者。为了适应现代农业的发展需要，党和政府高度重视新型职业农民的培育工作，并实施了一系列的措施和办法，希望尽快培育出一支新型职业农民队伍，以满足现代农业的发展需要。2007 年 1 月，《中共中央　国务院关于积极发展现代农业扎实推进社会主义新农村建设的若干意见》首次正式提出培养“有文化、懂技术、会经营”的新型农民，同年 10 月新型农民的培养问题写进党的十七大报告。2012 年中央一号文件首次提出，要培育新型职业农民，全面造就农村人才队伍，着力解决未来“谁来种地”的问题；党的十八大明确要求构建集约化、专业化、组织化、社会化相结合的新型农业经营体系。

因此，新型职业农民成为现代农业发展的关键性要素。

二、现代农业的内在要求

（一）农民务农职业化

农民职业化，是指“农民”由一种身份象征向职业标识的转化。其实质是传统农民的终结和职业农民的诞生。职业化的农民将专职从事农业生产，其来源不再受行业限制，既可源自传统农民，也可源自非农产业中有志于从事农业的人。随着农业劳动生产率的提高，农村剩余劳动力将逐渐离开土地和农业，转变为工人和城市非农劳动者，而其余的小部分人则转化为新型职业农民。通过培训学习与实践，逐步实现农民务农职业化，从而有效地推动我国“四化同步”发展的进程，提高我国农业发展的现代化水平。这限期是我国农业发展的必然趋势，也是现代农业发展的内在要求。

1. 农民务农职业化有利于推进“四化同步”建设

农民务农职业化可以让职业农民安心钻研农业发展模式，精心选择农业产业，全力做好所从事的农业产业的发展工作。从而改变现有的农民兼有多种职业，从农不专业，从工无技术，常年处于“非农非工、非乡非城”的状态。同时，随着我国城镇化进程的不断加快，真正从事农业生产经营的人员应当从现在的47%下降到20%左右。从而把农村剩余劳动力从农村转移出来，使他们从现在的农民工转变成城镇工人或市民，也可以促使他们安心钻研技术，集中精力开展创业经营。使留在农村的人能集中土地，开展农业的规模化、产业化经营，从而推进“四化同步”（工业化、信息化、城镇化、农业现代化同步发展）建设的顺利进行。

2. 农民务农职业化有利于提高现代农业发展水平

现代农业要求用现代的理念、现代的技术和现代的装备来武装农业，这既需要农业人员的专业知识，也需要农业人员的文化水平，并非传统的农民所能胜任。为此，实行农民务农职业化可以促进真正的农民学习农业知识，参加农业生产、经营的培训学习，激发他们的创业热情。这些经过培训的农民就是职业农民，他们必然是现代农业科技与设备的先行使用者，先进生产经营管理模式的践行者。只有这样的农民才能提高农业产业的生产效率，提升农业产业的产出水平，进而推进我国农业现代化的发展进程。因此，农民务农职业化有利于提高现代农业发展水平。

3. 农民务农职业化有利于新型农业经营主体的形成

我国未来农业的发展应当由新型农业经营主体来承担，这些新型农业经营主体表现为农民专业合作社、家庭农场、农业公司、种植和养殖大户。这些新型农业经营主体的组成人员一定来是传统的普通农民，他们是农民中的精英，他们是具有远见卓识的农民。可以设想，实行农民务农职业化就可以通过市场机制，把热爱农业、研究农业的人员吸引到农业队伍中来。一些对农业没有感觉、没有感受的农民就可以通过市场机制退出农业，通过另谋出路实现新的就业目标。而留在农业队伍中的人员，为了获得市场竞争优势，为了获得话语权，必然走向联合，从而促进新型农业经营主体的形成。

（二）农业产品品牌化

品牌即商标，通常由文字、标记、符号、图案和颜色等要素组合构成。在传统的农业生产中，人们习惯散装销售自己的产品，根本就不需要商标。随着市场竞争激烈程度的加剧，品牌成了影响产品价格的重要因素，品牌成了促进产品销售的重要因素。因此，农业产品品牌化成为现代农业的又一内在要求。

1. 有利于提高农业产品的知名度，获得品牌效益

随着现代生产技术与工艺的不断发展，同类企业所生产的产品在品质与性能等方面的差异化程度明显减弱。在激烈竞争的市场条件下，消费者选择商品更多关注的是产品的品牌，一个知名品牌往往能够吸引更多消费者的眼球。而且知名商品虽然在使用价值上和普通商品相差无几，而且价格可能高出许多甚至数倍，但大多数消费者仍然选择知名商品。因此，无论是何种行业、哪种产品，产品品牌是企业极为宝贵的无形资产，其重要性都不可小觑。农业产品实行品牌化，可以给广大消费者留下深刻的印象，可以让更多消费者了解它、认识它、接受它，从而可以有效提高农业产品的知名度，为占据更大的市场份额、获取更丰厚的经济利益创造有利条件，进而促进农业产品品牌效益的实现。

2. 有助于增强农业产业的竞争力，赢得市场份额

在竞争日趋激烈的现代市场条件下，企业间的竞争其实就是市场份额的争夺，而商品品牌的知名程度正是决定产品市场份额的关键。农业产品品牌知名度越高，将意味着产品的市场竞争力越强，就越能赢得更大和市场份额。反之，一个没有品牌的产品，往往进不了超市或高档的市场，只能屈就农贸市场、街头港边，无论品质多好，都只是一种大路货。因此，农业产品必须走品牌化的道路。当然，知名的品牌也需要以优质的农产品

为基础,要打造知名品牌,必须生产出优质的产品。当然,农产品品牌的打造是一项长期工程,不但需要提高农业生产者的生产经营理念,而且需要优质的品种、优良的种植方法、独特的经营模式。同时,知名品牌的打造需要时间,只有长期的市场宣传、消费者评价,才有可能打造出知名品牌。

3. 有利于提升农业企业的影响力,获取发展先机

随着现代农业发展的不断推进,新型农业经营主体得到快速发展,国家投资在农业上的各种项目经费、补贴经费也每年递增。当然,要想获得这些经费也不容易,农业企业为获取项目经费,相互竞争的激烈程度日趋加剧。谁拥有"响当当"的知名品牌,谁就具有强大的影响力,谁就有可能获得国家的扶持,谁就有可能获得发展的先机,谁就可能在激烈的市场竞争中发展壮大起来。因此,农业企业的品牌化建设有利于提升企业的整体社会影响力,有利于增强企业的市场竞争力,从而为企业获取市场发展先机提供有效支持。

(三)农业经营集约化

集约化经营是指经营者通过经营要素质量的提高、要素含量的增加、要素投入的集中以及要素组合方式的调整来增进效益的经营方式。集约是相对粗放而言,集约化经营是以效益为根本,对经营诸要素进行重组,实现最小的成本获得最大的投资回报。集约经营主要用于农业,那么什么是农业集约经营呢?农业集约经营指在一定面积的土地上投入较多的生产资料和劳动,采用新的技术措施,进行精耕细作的农业经营方式。由粗放经营向集约经营转变,是农业生产发展的客观规律,是我国现代农业发展的内在要求。

1. 农业集约化经营是实现农业持续性发展的迫切需要

我国农业仍然实行的是以家庭分散经营为主的经营方式，这种经营方式有利于调动经营者的积极性，但同时也表现出一定的局限性。一是由于经营规模有限，难以获取规模经济与规模效益；二是由于农业经济效率低下，大量农村青壮年外出务工，农村土地主要由妇女、老年人耕作，经营较为粗放，甚至“撂荒”现象不断。再过几十年，这些人再无体力种地，而青壮年外出务工，“今后谁来种地”成为一种严峻的现实问题。党中央对此问题高度关注和重视，并采取一系列举措培养新型农民，不断提高农业的集约化经营水平，以提高我国的农业经营水平，满足现代农业的发展要求，确保我国农业的持续快速健康发展。特别是通过培育新型农业经营主体，加大土地流转的力度，提高农业集约化经营程度，实现农业持续发展。

2. 农业集约化经营是实现农业产业化发展的基础环节

农业的产业化发展需要以农业的集约化经营为依托，需要以确定的市场供求信息为指向。否则，农业产业化将难以发展。多年来，我国已经致力于农业产业化发展的道路，但由于农业集约化经营没有跟上，严重影响了农业产业化的发展势头。“自给自足”的小农经营模式，由于经营规模有限，经营管理粗放，已经无法与市场进行对接，无法满足日益多样化与个性化的市场需求，无法在激烈的竞争中获得优势。因此，现代农业必须走集约经营的道路。同时，我国农业发展处于市场经济的大环境中，必须适应市场经济发展的要求，而市场经济就是竞争经济，竞争就必须具备优势才能取胜。而集约经营正是农业获得优势的重要途径。因此，要加速农业产业化的发展进程，必须加速土地流转，实施农业集约化经营，以便为农业产业化奠定坚实基础。

3. 农业集约化经营是推进现代农业建设的客观要求

现代农业是一项复杂的系统工程，由诸多要素所构成，最基本的要素至少包括现代物质条件装备、现代科技、现代经营形式、新型农民、机械化、信息化等。在这些要素中，最核心的要素有两点：一是必须具有现代农业的经营方式，即农业的集约化经营，二是必须拥有现代农业发展的主体，既有知识技术又懂经营管理的新型职业农民。只有在集约经营条件下，现代农业的诸多构成要素才能整合在一块，发挥出综合性的作用。也就是说，农业集约化经营为这些要素的运用提供了空间和载体，倘若没有农业的集约化经营，没有新型农民的成长空间，现代物资装备、现代科技就无法使用，现代发展理念、现代经营形式就无法引入，土地产出率、资源利用率、劳动生产率、农业的效益和竞争力等就是一句空话。因此，农业集约化经营是推进我国现代农业发展的客观需要和内在要求。

三、现代农业的常见类型

(一)有机生态农业

图 2-1　屋顶上的有机农业

生态农业是按照生态学原理和经济学原理，运用现代科学技术成果和现代管理手段，以及传统农业的有效经验建立起来的，能获得较高的经济效益、生态效益和社会效益的现代化农业。它要求把发展粮食与多种经济作物生产，发展大田种植与林、牧、副、渔业，发展大农业与第二、三产业结合起来，利用传统农业的精华和现代科技成果，通过人工设计生态工程，协调好发展与环境之间、资源利用与保护之间的矛盾，形成生态上与经济上两个良性循环，实现经济、生态和社会三大效益的统一。

有机农业是遵照一定的有机农业生产标准，在生产中不采用基因工程获得的生物及其产物，不使用化学合成的农药、化肥、生长调节剂、饲料添加剂等物质，遵循自然规律和生态学原理，协调种植业和养殖业的平衡，采用一系列可持续发展的农业技术以维持持续稳定的农业生产体系的一种农业生产方式（图 2-1）。

(二)绿色环保农业

绿色环保农业，是指以全面、协调、可持续发展为基本原则，以促进农产品数量保障、质量安全、生态安全、资源安全和提高农业综合效益为目标，充分运用先进科学技术、先进工业装备和先进的管理理念，汲取人类农业历史文明成果，遵循循环经济的原理，把标准化贯穿到农业的整个产业链中，实现生产、生态、经济三者协调统一的新型农业发展模式（图 2-2）。

“绿色环保农业”是灵活利用生态环境的物质循环系统，实践农药安全管理技术、营养综合管理技术、生物学技术和轮耕技术等，从而达到在发展农业生产的同时，也对农业生产环境进行有效保护，基本实现经济效益、社会效益、生态效益的有机统一，构成了我国农业现代化发展的重要内容。随着世界各国对生态环境保护的日益重视，绿色环保的理念深入人心，绿色环保农业的影响范围大为拓展，绿色环保产业将迎来广阔的发展空间。

(三)观光休闲农业

观光休闲农业是一种以农业和农村为载体的新型生态旅游业,是现代农业的组成部分,不仅具有生产功能,还具有改善生态环境质量,为人们提供观光、休闲、度假的生活功能。休闲观光农业是利用田园景观、自然生态及环境资源等通过规划设计和开发利用,结合农林牧渔生产、农业经营活动、农村文化及农家生活,提供人们休闲,增进居民对农业和农村体验为目的的农业经营形态。观光休闲农业是结合生产、生活与生态三位一体的农业,在经营上表现为产、供、销及休闲旅游服务等产业于一体的农业发展形式。观光休闲农业是区域农业与休闲旅游业有机融合并互生互化的一种促进农村经济发展的新业态(图 2-3～图 2-4)。

图 2-2 绿色农业

图 2-3 休闲农业

(四)工厂运作农业

图 2-4　观光农业

工厂运作农业是指是综合运用现代高科技、新设备和管理方法发展起来的一种全面应用机械化、自动化技术,使资金、技术、设备高度融合密集运用的农业生产形式。工厂运作农业是农业设计的高级层次,能够在人工创造的环境中进行全过程的连续作业,从而有利于摆脱自然界的制约。工厂运作农业将农业生产工厂化,依托强大的生产技术与设备,在人工创造的环境中实行工厂化生产,可以在很大程度上减少对自然环境的依赖程度,有利于大幅提高农业生产效率,成为现代农业的又一重要类型(图 2-5)。

图 2-5　工厂化农业

(五)立体循环农业

立体循环农业是指利用生物间的相互关系,兴利避害,为了充分利用空间把不同生物种群组合起来,多物种共存、多层次配置、多级物质能量循环利用的立体种植、立体养殖或立体种养的农业经营模式(见 2-6)。

立体循环农业是现代农业的重要类型,立体循环农业充分

图 2-6　立体循环农业

利用光、热、水、肥、气等资源和各种农作物在生育过程中的时间差和空间差，在地面及地下、水面及水下、空中以及前方后方同时或交互进行生产，通过合理组装，粗细配套，组成各种类型的多功能、多层次、多途径的高产优质生产系统，从而尽可能地获得农业生产的最大综合效益。开发立体循环农业意义重大，不仅能够节约资源、节约空间，而且能够达到集约经营的效果。因此，已经成为我国现代农业发展的重要类型。

（六）订单生产农业

图 2-7　药材培育订单生产

订单生产农业是指根据农产品订购合同、协议进行农业生产，也叫合同农业或契约农业（图 2-7）。订单生产农业是现代农业的又一重要发展类型，具有强烈的市场性、严格的契约性、成果的预期性和违约的风险性。签约的一方为企业或中介组织包括经纪人和运销户，另一方为农民或农民群体代表。签约双方在订单中规定的农产品收购数量、质量和最低保护价，使双方享有相应的权利、义务和约束力，依法不能单方面毁约。但由于农业受自然环境影响较大，具有生产结果的不确定性，从而又带来产品市场的不确定性。因此，遭受违约的风险性很大。

同时,随着市场经济的持续发展以及市场竞争的不断加剧,对增强农民竞争力和促进农民增收仍然具有一定作用。订单农业可以从一定程度上为农民生产解除后顾之忧,也有利于减少农民生产的盲目性。但同时也要看到,我国的法制建设尚不完善,人们守法的意识和观念还不强,特别是在遇到严重自然灾害或巨大市场波动时,违约事件也时有发生。因此,订单农业既具有保险的一面,也具有一定的风险性,需要客观对待。

第二节　现代农业发展的模式

一、生态农业

(一)生态农业的概念

我国的生态农业是指在保护、改善农业生态环境的思想指导下,按照农业生态系统内物种共生、物质循环、能量多层次利用等生态学原理和经济学原理,因地制宜,运用系统工程方法和现代科学技术,运用现代科学技术成果和现代管理手段,以及传统农业的有效经验建立起来的,集约化经营的农业发展模式,充分发挥地区资源优势,依据经济发展水平及“整体、协调、循环、再生”原则,运用系统工程方法,全面规划、合理组织农业生产,实现农业高产优质高效持续发展,达到生态和经济两个系统的良性循环,使农业的经济效益、生态效益、社会效益协调统一的现代化农业。

(二)生态农业的发展趋势

1. 生态农业产业化

21世纪全球经济生态化、知识化的发展趋势,决定了生态产业是产业革命的必然结果。同样,21世纪的现代化发展方向也必然使农业现代化纳入生态发展的轨道。由于当前我国农业出现的社会效益与自身经济效益的矛盾、分散农户与大市场的矛盾以及受市场和自然资源双重约束的几大矛盾并没有完全解决,农业生产从数量向品种、质量转化,产值贡献弱化,市场贡献以及农业环境贡献逐渐增大的现实,决定了发展生态农业,特别是生态农业产业化的必要性。

2. 生态农产品质量标准化,生态农业生产规范化

国内农产品质量标准制定的滞后,直接影响了我国农产品质量的提高,降低了我国农产品在国际市场中的竞争力。因此,应加快农产品质量标准的制订。在进一步完善农业生态环境监测网的基础上,应重点加强农产品质量安全检测机构建设,形成功能齐全的省、市、县梯级农产品质量检测体系。通过全国农产品监测网络,对农产品质量实施统一的监测监控,对农产品的生产过程进行全程监控,使质量管理关口前移,提高农产品的质量与安全性,保证向市场提供无公害、绿色或有机食品(见图2-8),提高产品的品牌价值和信誉度,建设完善的市场与流通体系,维护生产者和消费者的利益。

3. 科技对生态农业发展的促进作用将得到强化

农业高科技日益成为发达国家农业持续发展和产业升级换代的支撑,利用现代生物技术培育新品种,进行生物病虫害防治,提高农产品产量和品质,降低生产成本,已经渗透到农业的

常规技术领域。而我国在生态农业产业化方面还缺乏相应的原创性研究和应用,与发达国家相比差距较大。所以,我们要加大农业科技投入,鼓励科技创新,加快科技发展,提高产品的技术含量和科技附加值,解决我国农产品技术含量较低的致命弱势。

图 2-8　有机食品

(三)中国生态农业的技术措施

生态农业是从生物与环境两个方面来研究农业的生产过程,所以生态农业技术措施也应该包括这两个方面的内容。

1. 水土流失和土地沙化综合治理技术

防止水土流失最主要的措施就是增加植被,严禁毁林开荒,实行造林种草,封山育林,在农业生产中采用等高种植法,以及横坡带状间作等方法。

2. 防止土壤污染技术

控制和消除外排污染源,严格控制污染物进入土壤;研制生产高效、低毒、低残留的新型农药,代替剧毒高残留农药;利用生物防治技术,实现以虫治虫,以菌治虫;利用微生物的转化、降解作用,减少污染物的残留。

3. 水体富营养化的防治技术

水体富营养化是指在人类活动影响下,水体中的氮、磷等营养物质含量增高,使水中的藻类等生物大量繁殖而对水体产生危害。控制方法包括控制外源性营养物质输入,减少水体营养物质富集的可能性;减少内源性营养物质积聚,挖掘底泥沉积物,进行水体深层曝气;用化学药剂杀藻;利用水生生物(如凤眼莲、芦苇、丽藻等)吸收利用氮、磷元素,以除去这些营养物质。

4. 生物共生互惠及立体布局技术

共生互惠和立体布局包括植物与植物、植物与动物、动物与动物等的相互组配和合理布局,如稻田养鱼,蔗田种蘑菇,鲢、鳙鱼、草鱼、鲫鱼和河蚌混养等。

5. 农业环境和农业生产自净技术

自净技术即是在生产系统内,将上一级生产产出的废弃物,变为下一级生产的有效投入,从而避免污染物的外排而影响环境洁净的技术。如人畜粪尿还田,田边和村边种植防护林带,鸡(粪)—猪(粪)—鱼(塘泥)—作物(农副产品)—鸡、猪食物链技术等。

6. 有害生物的综合治理技术

综合治理技术包括病虫害、杂草的生物防治技术,采用作物的间套轮作、不同耕作等方法,以及利用各种物理、机械方法防治病虫草害等。

7. 农村能源的开发和利用

(1)充分利用太阳能。如建太阳能温室、塑料大棚、地膜覆盖、太阳能干燥器、太阳能取暖器、太阳能蓄水池等。大力营造薪炭林,解决农村能源短缺的问题。

(2)积极发展沼气。

(3)利用风能、水能以及其他清洁能源。

二、观光休闲农业

(一)观光休闲农业的概念

观光休闲农业是利用农村景观、农业活动、农村民俗文化，通过规划和开发，为人们提供兼有观光、休闲、娱乐、教育、生产等多种功能为一体的农业旅游活动，是一种生态旅游新类型。观光休闲农业的发展，将农业观光、农事体验、生态休闲、自然景观、农耕文化等有机结合起来，既满足了城市居民崇尚自然、回归自然、享受自然的需要，又促进了乡村旅游业的崛起。

(二)我国观光休闲农业的具体发展方向

1. 依托田园和生态景观

乡村田园生态景观是现代城市居民闲暇生活的向往和旅游消费时尚，也是观光休闲农业赖以发展的基础。因此：①在选址上，首先要考虑以周边优美的农村生态景观为依托，并与所规划的观光休闲农业项目特色相匹配。②在规划上，要以农业田园景观和农村文化景观为铺垫。选择园林、花卉、蔬菜、水果等特色作物，高新农业技术，特色农村文化，作为规划的基本元素。③在建设上，既要对农村环境的落后面貌进行必要的改造，同时要注意保护农村生态的原真性。

2. 重视休憩和体验设计

观光休闲农业的客源，在节假日主要是近距离城市休憩放松的上班族，工作日主要为退休人员，也有业务洽谈和会议选在生态景观和设施条件较好的观光休闲农业景点进行。去观光休闲农业消遣，已经成为不少城市居民的一种生活方式。因此，策划成功的关键之一是如何处理好“静”和“动”，即养生休闲和运动休闲的关系。休憩节点的设计要“静”，所谓“静”就是田园的恬静和农家的祥和，就是要为人们提供恬静休闲的空间和场所。“动”主要是娱乐游憩或农事体验，要做到“动”的项目寓于“静”的景观之中。这样，既能满足城镇居民渴望回归自然、放松身心的休闲需求，又能满足城镇居民科学文化认知的需要，还能延长游憩时间、增加二次消费。

3. 挖掘民俗和农耕文化

要保持观光休闲农业项目长期繁荣兴盛，就应该在丰富观光休闲农业的文化内涵上下功夫。深入挖掘农村民俗文化和农耕文化资源，提升观光休闲农业的文化品位，实现自然生态和人文生态的有机结合。如传统农居、家具，传统作坊、器具，民间演艺、游戏，民间楹联、匾牌，民间歌赋、传说，名人胜地、古迹，农家土菜、饮品，农耕谚语、农具等，都是观光休闲农业景观规划、项目策划和单体设计中可以开发利用的重要民间文化和农耕文化资源。

4. 突出特色和主题策划

特色是观光休闲农业产品的核心竞争力，主题是观光休闲农业产品的核心吸引力。要认真摸清可开发的资源情况，分析周边观光休闲农业项目特点，巧用不同的农业生产与农村文化资源营造特色。农村资源具有的地域性、季节性、景观性、生态性、知识性、文化性、传统性等特点，都是营造特色时可利用的特性。根据资源特性和项目定位，进行主题策划。

三、创汇农业

创汇农业又称外向型农业，是指以国际市场为导向，专门围绕出口创汇组织生产与加工各种适销对路的农副产品、畜产品、水产品，参与国际市场竞争和交换的一种“贸工农”外向型农业。其主要依靠现代科学技术，引进国内外优良品种、先进技术装备，同当地优越的农业生产条件和丰富的农业自然资源、劳动力资源及灵活的家庭经营等以最佳方式组合起来纳入社会化专业生产体系，建立起各种名优特农副产品、畜产品、水产品规模生产基地，并以基地为中心形成一个高技术、新品种、多种类、大批量、低成本、高效益、出口创汇能力强的外向型农业生产体系。其发展有助于推动传统农业及其生产手段的改造，从而最终达到推动整个农业现代化进程的目的。

美国、法国、荷兰、巴西、泰国等是农产品出口创汇的主要国家，他们成功的经验为：一是政府对创汇农业采取保护和支持政策；二是以国际市场变化为导向，及时调整农业生产结构和农产品出口结构；三是增加加工农产品出口，提高出口农产品的附加值；四是外贸、加工、生产密切联系，产供销、贸工农一体化经营；五是重视科学技术在创汇农业中的作用；六是因地制宜，发挥资源和经济优势。

四、都市农业

都市农业是指地处都市及其延伸地带，紧密依托并服务于都市的农业。它是大都市、中都市、郊区和大都市经济圈以内，以适应现代化都市生存与发展需要而形成的现代农业。都市农业是以生态绿色农业、观光休闲农业、市场创汇农业、高科技现代农业为标志，以农业高新科技武装的园艺化、设施化、工厂化生产为主要手段，以大都市市场需求为导向，融生产性、生活性、生态性为一体，高质高效和可持续发展相结合的现代农业。它包括都市农业公园、观光公园、市民公园、休闲农场、教育农场(含科普基地)、高科技农业园区、森林公园、民俗观光园、民宿农庄等。

五、有机农业

有机农业是一种完全不用化学肥料、农药、生长调节剂、畜禽饲料添加剂等人工合成物质,也不使用基因工程生物及其产物的生产体系,其核心是建立和恢复农业生态系统的生物多样性和良性循环,以维持农业的可持续发展。在有机农业体系中,作物秸秆、畜禽肥料、豆科作物、绿肥和有机废弃物是土壤肥力的主要来源,作物轮作以及各种物理、生物和生态措施是控制杂草和病虫害的主要手段。

有机农业的发展可以帮助解决现代农业带来的一系列问题,如严重的土壤侵蚀和土地质量下降,农药和化肥大量使用给环境造成的污染和能源的消耗、物种多样性的减少等;还有助于提高农民收入,发展农村经济。据美国的研究报道,美国有机农业成本比常规农业减少40%,而有机农产品的价格比普通食品要高20%~50%。同时,有机农业的发展有助于提高农民的就业率,有机农业是一种劳动密集型农业,需要较多的劳动力。另外,有机农业的发展可以更多地向社会提供纯天然无污染的有机食品,满足人们的需要。

有机农业的本质是尊重自然、顺应自然规律和生态学原理。有机农业的生产方式主要具有以下特点:一是选用合理的抗性作物品种,利用间套作技术,保持基因和生物多样性,采用生物和物理方法防治病虫草害等,创造有利于天敌繁殖而不利于害虫生长的环境,满足作物自然生产条件;二是禁止使用转基因产物及技术；三是采用合理的耕作制度，保护环境，防止水土流失，建立包括豆科作物在内的作物轮作体系，利用秸秆还田、施用绿肥和动物粪便等措施培肥土壤，保持土壤养分循环，保持农业的可持续性；四是协调种植业和养殖业之间的平衡，根据土壤的承载能力确定养殖的牲畜量；五是有机农业生产体系的建立需要一个有机转换的过程。总之，有机农业要建立循环再生的农业生产体系，保持土壤的长期生产力；把系统内的土壤、植物、动物和人类看成是相互关联的有机整体，加以关怀和尊重；采用土地与生态环境可以承受的方式进行耕作，按照自然规律从事农业生产。

六、智慧农业

智慧农业是工厂化农业的高级阶段，是指在相对可控的环境条件下，采用工业化生产，实现集约高效可持续发展的现代超前农业生产方式，就是农业先进设施与露地相配套，具有高度的技术规范和高效益的集约化规模经营的生产方式。它集科研、生产、加工、销售于一体，实现周年性、全天候、反季节的企业化规模化生产；集生物技术、信息技术、新材料技术、自动化控制技术和现代先进农艺技术，互联网、移动互联网、云计算和物联网等现代通讯技术，依托部署在农业生产现场的各种传感节点（环境温湿度、土壤水分、二氧化碳、图像等）和无线通信网络实现农业生产环境的智能感知、智能预警、智能决策、智能分析、专家在线指导，为农业生产提供精准化种植、可视化管理、智能化决策。

智能农业产品通过实时采集温室内温度、土壤温度、二氧化碳（CO_2）浓度、湿度信号以及光照、叶面湿度、露点温度等环境参数，自动开启或者关闭指定设备。可以根据用户需求，随时进行处理，为设施农业综合生态信息自动监测、对环境进行自动控制和智能化管理提供科学依据。通过模块采集温度传感器等信号，经由无线信号收发模块传输数据，实现对大棚温湿度的远程控制。

智慧农业从根本上改变了传统农业，是我国农业新技术革命的跨世纪工程，农业物联网使农业逐渐地从以人力为中心、依赖于孤立机械的生产模式转向以信息和软件为中心的生产模式，从而大量使用各种自动化、智能化、远程控制的生产设备。其特点：一是科技含量高，生产设施集中了现代农业的分析技术、电脑智慧管理，节能、省力，能按照需要自动调控实现周年生产，按合同生产，与市场接轨；生产性能好，产量方面稳定；二是生产速度快，是土耕物的3～4倍；三是保护环境，不破坏生态，生产环境清洁，工作轻松，商品率高，资金周转快，经济效益高，可发展生态农业、立体农业；四是无土传病害，一般不使用农药和土壤消毒剂；无连作障碍，可随意安排茬口，省水、省肥，肥料利用率高；五是产前、产中、产后和营销一体化；六是农业生态由体力劳动转换为脑力劳动，成为人们喜爱的行业。

目前，世界农业设施面积已达60万公顷，荷兰、日本、以色列等国的设施设备标准化程度、种苗技术及规范化栽培技术、植物保护及采后加工商品化技术、新型覆盖材料开发育应用技术、设施综合环境调控及农业机械化技术等有较高的水平，居世界领先地位。

七、设施农业

设施农业就是运用现代工业技术成果和方法、用工程建设的手段为农产品生产提供可以人为控制和调节的环境和条件，使植物和动物处于最佳的生长状态，使光、热、土地等资源得到最充分的利用，形成农产品的工业化生产和周年生产，从而更加有效地保证农产品的供应，提高农产品质量、生产规模和经济效益，促进农业现代化。

设施农业主要内容是与集约化种、养殖业相关的园艺设施和畜禽舍的环境创造、环境控制技术及与其配套的各种技术和装备。因此，设施农业又被称为工厂化农业。

(一)设施农业的概念

设施农业是在不适宜生物生长发育的环境条件下，通过建立结构设施，在充分利用自然环境条件的基础上，人为地创造生物生长发育的生长环境条件，实现高产、高效的现代农业生产方式，包括设施种植和设施养殖(见图 2-9)。通常所说的设施农业是设施种植，即植物的设施栽培，是指在采用各种材料建成的，具有对温、光、水、肥、气等环境因素控制的空间里，进行植物栽培的农业生产方法。

图 2-9　设施养殖

设施农业作为农业生态系统的一个子系统，既具有农业生态系统的一般特征，也具有与一般生态系统明显不同的自身特点：一是人的干预和控制性强，包括对种群结构、环境结构、产品形态和流通、采收与上市等都由人的干预和控制；二是物资和资金投入大，设施农业是集约化程度非常高的现代农业生产方式，自然要求有大量物质能量的投入；三是具有生态、经济的双重性，属于典型的生态经济系统；四是地域差异性显著。

从长远看设施农业：一是提高了农产品品质要求，农业由数量型向质量型提高，解决大宗产品结构性剩余矛盾，加快农业产业升级换代依靠设施农业已成必然措施之一；二是发展现代农业要求，发展高效农业对农业生产管理提出更高要求，农业生产各个环节都要采用现代化手段，实施科学管理，规模集约经营，提高农业设施化、标准化是现代农业重要内涵；三是出口市场需要，设施农业是废除技术壁垒、绿色壁垒的重要技术手段；四是保护环境，持续发展的需要。

(二)设施农业的类型

目前，我国设施农业的种类很多，形式各异，一般分为塑料大棚、小拱棚(遮阳棚)、日光温室、玻璃/PC板连栋温室(塑料连栋温室)、植物工厂等。

1. 小拱棚

小拱棚(遮阳棚)的特点是制作简单、投资少、作业方便、管理非常省事。其缺点是不宜使用各种装备设施，并且劳动强度大，抗灾能力差，增产效果不显著，主要用于种植蔬菜、瓜果和食用菌等。

2. 塑料大棚

塑料大棚是我国北方地区传统的温室，农户易于接受，塑料大棚以其内部结构用料不同，分为竹木结构、全竹结构、钢竹混合结构、钢管(焊接)结构、钢管装配结构以及水泥结构等。总体来说，塑料大棚造价比日光温室要低，安装拆卸简便，通风透光效果好，使用年限较长，主要用于果蔬瓜类的栽培和种植。其缺点是棚内立柱过多，不宜进行机械化操作，防灾能力弱，一般不用于越冬生产。

3. 日光温室

日光温室有采光性和保温性能好、取材方便、造价适中、节能效果明显,适合小型机械作业的优点。天津市推广新型节能日光温室,其采光、保温及蓄热性能很好,便于机械作业,其缺点在于环境的调控能力和抗御自然灾害的能力较差,主要种植蔬菜、瓜果及花等。青海使用比较普遍的多为日光节能温室,辽宁也发展日光温室作为该省设施农业的重要类型,甘肃、新疆、山西和山东日光温室使用比较广泛。

4. 连栋温室

连栋温室有玻璃/PC板连栋温室和塑料连栋温室两类。

玻璃/PC板连栋温室,该温室具有自动化、智能化、机械化程度高等特点,温室内部具备保温、光照、通风和喷灌设施,可进行立体种植,属于现代化大型温室。其优点在于采光时间长,抗风和抗逆能力强,主要制约因素是建造成本过高。福建、浙江、上海等地的玻璃/PC板连栋温室在防抗台风等自然灾害方面具有很好的示范作用。塑料连栋温室以钢架结构为主,主要用于种植蔬菜、瓜果和普通花卉等。其优点是使用寿命长,稳定性好,具有防雨、抗风等功能,自动化程度高;其缺点与玻璃/PC板连栋温室相似,一次性投资大,对技术和管理水平要求高。一般作为玻璃/PC板连栋温室的替代品,更多用于现代设施农业的示范和推广。

5. 植物工厂

植物工厂是继温室栽培之后发展的一种高度专业化、现代化的设施农业。它与温室生产的不同点在于完全摆脱大田生产条件下自然条件和气候的制约，应用现代化先进技术设备，完全由人工控制环境条件，全年均衡供应农产品。目前，高效益的植物工厂在某些发达国家发展迅速，已经实现了工厂化生产蔬菜、食用菌和名贵花木等。美国现在正在研究利用“植物工厂”种植小麦、水稻，以及进行植物组织培养和脱毒、快繁。据报道，日本已有企业投资兴建了面积为1500平方米的植物工厂，并安装有农用机器人，从播种、培育到收获实现了电气化。由于这种植物工厂的作物生长环境不受外界气候等条件影响，蔬菜种苗移栽2周后，即可收获，全年收获产品20茬以上，蔬菜一般平均年产量是露地栽培的数十倍，是温室栽培的10倍以上。荷兰、美国采用工厂化生产蘑菇，每年可栽培6.5个周期，每周期只需20天，每平方米产蘑菇25.27千克。目前，世界上约有28个植物工厂。

八、标准化农业

(一)标准化农业的概念

标准化农业是以农业为对象的标准化活动，即运用“统一、简化、协调、选优”原则，通过制定和实施标准，把农业产前、产中、产后各个环节纳入标准生产和标准管理的轨道。农业标准化是农业现代化建设的一项重要内容，它通过把先进的科学技术和成熟的经验组装成农业标准，推广应用到农业生产和经营活动中，把科技成果转化为现实的生产力，从而取得经济、社会和生态的最佳效益，达到高产、优质、高效的目的。农业标准化的内容十分广泛，主要有以下8项：农业基础标准、种子种苗标准、产品标准、方法标准、环境保护标准、卫生标准、农业工程和工程构件标准、管理标准等。

(二)标准化农业特征

我国于2001年启动“无公害食品行动计划”,2002年全国各地高度重视农业标准化体系建设,并加以推广实施,这标志着我国农业标准化生产迈上了一个新的台阶。

1. 以标准需求为动因

要为人类提供标准农产品,无疑必须发展标准农业,以满足人们对标准农产品的需求。一是健康需求,即人们对农产品的标准需求应满足人们的健康需要,农产品各种物质的含量应与人们的健康需要相一致。二是多维需求,即人们对农产品的标准需求应满足人们的多维需求,也即不仅仅局限于营养和品尝需求,而且还包括卫生和审美需求。三是水平需求,即人们对农产品的标准需求总是随着人们生活水平的提高特别是生活质量水平的提高而提高。

2. 以标准产品为目标

标准农产品一般应具备以下四种统一标准:一是营养标准。人类要健康,这些营养素的数量必须能满足人体的要求,每一农产品都包含若干种营养素,标准农产品所包含的各种营养素含量都必须达到统一的标准。二是品尝标准,即标准农业生产的农产品必须满足人们的品尝需要,符合人们的品感。三是卫生标准,即标准农业生产的农产品必须能满足人们健康需要,符合人们的健康要求,特别是有害物质含量绝对不能超标。四是审美标准,即标准农业生产的农产品还必须能满足人们的审美需要,符合人们的审美要求,产品外观要有美感,且同种产品外观要一致。

3. 以标准理念为指导

要发展标准农业，生产标准产品，必须树立农业标准化理念，以标准文化为向导，形成标准的思维方式，培育标准的行为方式，追求标准的农业事业。确切地讲，标准农业文化指的是在标准农业的产生、形成和发展的过程中，通过农业标准的制定、农业生产质量环境的营造、农业标准技术的研制、农业质量标准的监测、农业标准生产的管理，而形成的一种产业文化。标准思维方式指的是从农业标准化的角度去思考问题、认识问题、判断问题、审定问题。标准行为方式指的是在农业生产的过程中，自始至终、各个环节都围绕农业标准来进行。标准农业事业则是指通过农业标准的制定、农业生产质量环境的营造、农业标准技术的研制、农业质量标准的监测、农业标准生产的管理，生产标准农产品的过程。

4. 以标准文件为依据

标准文件包括如下四种：一是农产品质量标准。应包含农产品的营养、品尝、卫生和审美标准等内容。二是农业生产技术过程规程标准。应包含产地选择、备耕、规格、栽植、施肥、灌水、防治病虫害、收获等标准内容。三是农业投入品质量标准。应包括农业投入品的品种、规格、主要要素含量、有害物质残留量、用途和使用方法等标准内容。四是农业生产环境质量标准。应包含土壤肥力水平、水质、有毒物质限量、农田基本建设水平、空气、周围环境等标准内容。

5. 以标准环境为条件

环境标准应包括如下三个方面的内容：一是生态环境。产地周围的环境应达到良性循环的要求，不但植被状态好、水土保持好，而且植被之间、植被与水土之间、周围植被与产地之间形成互促互补的生物链。二是安全环境。即产地及其周围环境的有害物质，特别是土壤、水和空气中的有害物质含量应低于限量水平，不影响人体健康，符合生活质量水平日益提高的人们对安全质量的要求。三是地力环境。即产地土壤肥力水平达到高产稳产地力水平，即产地土壤的有机质、氮、磷、钾及其他微量元素含量丰富，比例协调，能满足高产优质作物生长发育的基本要求。

6. 以标准技术为手段

标准技术包含三个方面：一是农业生产环境质量控制技术。这一技术应以农业生产环境质量标准为依据，围绕标准农产品对农业生产环境的生态、安全、地力要求，通过植被营造、水土保持等生态措施，通过开挖环山沟、排除有害物质等安全措施，和广辟肥源、用地养地等措施，使农业生产环境质量达到生产标准农产品的要求。二是农业投入品质量控制技术。农业投入品包括肥料、农药、激素、农膜等。这一技术也应以农业投入品质量标准为依据，环绕标准农产品对农业投入品的要求，通过对农业投入品生产原料的选择、把关，通过对农业投入品生产技术的运作和方法的操作，使农业投入品质量达到生产标准农产品的要求。三是农业生产过程质量控制技术。这一技术同样应以农业生产过程规程质量标准为依据，围绕标准农产品对农业生产过程规程的要求，通过园地选择、规划、备耕、种植规格、栽植、施肥、灌水、防治病虫害、盖膜、收获等技术的标准使用，使农业生产过程质量达到生产标准农产品的要求。

7. 以标准监测为约束

标准监测包含三方面的内容：一是农业生产环境质量监测，

即监测农业生产环境之生态因素、安全因素和地力因素是否达到标准文件所要求、规定的质量水平。二是农业投入品质量监测，即监测肥料、农药、激素和农膜等农业投入品之主要理化指标是否达到标准文件的要求、规定的质量水平。三是农产品质量监测。即监测农产品之营养、品尝、卫生和审美要素是否达到标准文件所要求、所规定的标准水平。

8. 以标准管理为保障

标准管理包含如下内容：一是产地认定和产品认证体系。即国家必须建立权威的安全优质农产品的产地认定和产品认证机构。二是市场准入机制体系。即根据农产品分布和密集情况，设置相应的农产品安全质量监督机构，对农产品进行安全检查，符合安全质量要求的发给市场准入证，允许进入市场，进入消费，否则予以拒绝，以维护消费者权益。三是品牌安全优质农产品评审体系，即建立国家授权、认可的品牌安全优质农产品评审机构，建立系统、规范、有序、理性的品牌安全优质农产品评审机制，定期对农产品进行评审，对荣获品牌安全优质农产品称号的，授予荣誉证书，以促进安全优质农产品向品牌的方向发展，提高品牌安全优质农产品的知名度和市场竞争力。四是对假冒伪劣农产品打击、制裁体系，即加强执法队伍的建设，以标准文件为依据，以安全优质农产品认证证书及其使用标志为凭证，以农业标准有关法律、法规为手段，开展对假、冒、伪、劣农产品的打击、制裁，以维护安全优质农产品的正常生产和市场营销。五是法律、法规体系，即以宪法为指导，根据我国的实际，制定一部关于农业标准化或标准农业的法律或法规，使农业标准化工作、标准农业生产纳入法律的轨道，并能够在法律的约束下有序、理性、规范、健康地向前发展。六是组织机构体系，即从中央到地方，建立、健全农业标准化工作机构，设置专门岗位，配备专门人员，装备专门设备，编制农业标准化工作专门路线图，使用农业标准化专门资料，执行农业标准化工作专门操作程序，以标准的组织机构，通过标准的工作，确保农业标准化工作有序、理性、规范、健康地向前发展。

九、精准农业

(一)精准农业的概念

精准农业是当今世界农业发展的新潮流，是由信息技术支持的根据空间变异，定位、定时、定量地实施一整套现代化农事操作技术与管理的系统，其基本涵义是根据作物生长的土壤性状，调节对作物的投入，即一方面查清田块内部的土壤性状与生产力空间变异，另一方面确定农作物的生产目标，进行定位的“系统诊断、优化配方、技术组装、科学管理”，调动土壤生产力，以最少的或最节省的投入达到同等收入或更高的收入，并改善环境，高效地利用各类农业资源，取得经济效益和环境效益。

(二)精准农业的特点

精准农业是在现代信息技术、生物技术、工程技术等一系列高新技术最新成就的基础上，发展起来的一种重要的现代农业生产形式，其核心技术是地理信息系统、全球定位系统、遥感技术和计算机自动控制技术。

1. 现代信息技术

精准农业从 20 世纪 90 年代开始在发达国家兴起，目前已成为一种普遍趋势，英国、美国、法国、德国等纷纷采用先进的生物、化工乃至航天技术使精准农业更加“精准”，美国把曾在海湾战争中运用过的卫星定位系统应用于农业，这种技术被称为“精准种植”，即通过装有卫生定位系统的装置，在农户地里采集土壤样品，取得的资料通过计算机处理，得到不同地块的养分含量，精准度可达1～3平方米。技术人员据此制订配方，并输入施肥播种机械的电脑中。这种机械同样装有定位系统，操作人员进行施肥和播种可以完全做到定位、定量。还可将卫星定位系统安装在联合收割机上，并配置相连的电子传感器和计算机，收割机工作时可自动记录每平方米农作物产量、土壤湿度和养分等的精确数据。

2. 现代生物技术

现代生物技术最显著的特点是打破了远缘物种不能杂交的禁区，即用新的生物技术方法开辟一个世界性的新基因库源泉，用新方法把需要的基因组合起来，培育出抗病性更强、产量更高、品质更好、营养更丰富，且生产成本更低的新作物、新品种；另外，还具有节约能源、连续生产、简化生产步骤、缩短生产周期、降低生产成本、减少环境污染等功效。例如，美国把血红蛋白基因转移到玉米中，不仅保持了玉米的高产性能，而且提高了它的蛋白含量。转基因水稻、玉米、土豆、棉花和南瓜等已在美国、阿根廷、加拿大数百万公顷土地上试种。

微生物农业是以微生物为主体的农业。微生物在合成蛋白质、氨基酸、维生素、各种酶方面的能力比动物、植物高上百倍；微生物还可利用有机废弃物，变废为宝、保护生态环境。利用有益微生物，不仅可获得大量生物量，用于制作食用蛋白质以及脂肪、糖类等专门食品，而且在生物防治、土壤改良方面也有突出表现。

3. 现代工程装备技术

现代工程装备技术是精准农业技术体系的重要组成部分，是精准农业的“硬件”，其核心技术是“机电一体化技术”。在现代精准农业中，现代工程装备技术可以应用于农作物播种、施肥、灌溉和收获等各个环节。

精准播种就是将精准种子工程与精准播种技术有机结合，要求精准播种机播种均匀、精量播种、播深一致。精准播种技术既可节约大量优质种子，又可使作物在田间获得最佳分布，为作物的生长和发育创造最佳环境，从而大大提高作物对营养和太阳能的利用率。

精准施肥是能根据不同地区、不同土壤类型以及土壤中各种养分的盈亏情况、作物类别和产量水平，将氮、磷、钾和多种可促进作物生长的微量元素与有机肥加以科学配制，从而做到有目的地施肥，既可减少因过量施肥导致的环境污染和农产品质量下降，又可降低成本。要求有科学合理的施肥方式和具有自动控制的精准施肥机械。

精准灌溉是指在自动监测控制条件下的精准灌溉工程技术，如喷灌、滴灌、微灌和渗灌等，根据不同作物不同生育期间土壤墒情和作物需水量，实施实时精量灌溉，可大大节约水资源，提高水资源有效利用率(见图 2-10)。

图 2-10　现代农业农场的灌溉

精准收获则是利用精准收获机械做到颗粒归仓，同时，还可以根据事先设定的标准确地将产品分级。

十、信息化农业

(一)信息化农业的概念

信息化农业就是集知识、信息、智能、技术、加工和销售等生产经营要素为一体的开放式、高效化的农业。其核心是农业信息化。从计算机用于农业的时候算起,现在已经发展到了包括信息存储和处理、通讯、网络、自动控制及人工智能、多媒体、遥感、地理信息系统、全球定位系统等阶段,出现了“智能农业”“精准农业”“虚拟农业”等高新农业技术。

农业信息化是指信息及知识越来越成为农业生产活动的基本资源和发展动力,信息和技术咨询服务业越来越成为整个农业结构的基础产业,以及信息和智力活动对农业增长的贡献越来越大的过程。

伴随经济全球化和信息全球化的到来,信息化技术已渗透到各个行业、各个领域,有力地促进了全球经济与社会的发展。西方国家的农业已发展到信息化阶段,欧美国家农业信息已经全面实现了网络化、全程化和综合化,农业信息技术已进人产业化发展阶段。从国内来看,我国农业信息化起步于 20 世纪 80 年代,发展于 90 年代,1994 年我国开始启动“金农工程”,其目的是加速和推进农村和农业信息化,建立“农业综合管理和服务系统”。在“十五”期间,我国“金农工程”和农业信息化重点项目包括“农村市场信息服务行动计划工程”“农业智能化信息管理与服务工程”“农业卫星定位系统(GPS)”“农业遥感信息系统(RS)”“地理信息系统(GIS)”农业 3S 应用工程。到目前为止,我国已形成以农业部为中心,连接 31 个省(自治区、直辖市)农业厅的信息网络平台，全国90%以上的市、县农牧局都建立了信息服务机构，绝大多数还建立了局域网。

(二)信息化农业案例

1. 欧盟的农业信息服务

欧盟官方农业信息服务机构主要有欧洲统计局、欧盟农业委员会、农场会计网委员会和农业理事会。

(1)欧盟农业信息收集机构欧洲统计局和农场会计网委员会负责欧盟农业信息收集和标准化处理。他们在欧盟各成员国设联络处收集农业信息，其设计的调查问卷非常标准，便于成员国之间比较。联络处在收集农业数据时，经常与当地农业科研机构合作。联络处会亲自拜访样本农户汇集信息，也会把调研任务发包给当地会计事务所、大学、农业协会或其他机构。

(2)欧盟农业信息发布机构农业理事会是欧盟主要的信息发布机构，其发布各类农业信息的程序为：分析农业数据→撰写报告草稿→欧委会农业委员会审议通过→欧委会许可发布农业信息(以电子、传统出版物或新闻发布会的形式)。

农业理事会主要信息服务项目有政策报告、新闻发布、农产品市场形势和预测、农产品市场价格公报、农业统计信息和研究报告。欧盟每年提供4份农产品市场价格季度报告和1份年终综合报告，这些报告均以英国、法国、德国、意大利等6国语言撰写。

2. 欧盟农业信息的主要使用者

欧盟政府和农产品生产经营者(农场主、农产品加工企业等)都是欧盟农业信息的主要使用者，但在这两者中又以政府使用为主，政府通过分析各类农业数据制定农业政策和法令，并对市场进行宏观调控。除政府外，欧盟农产品生产经营者也是农业信息的主要利用者之一，这些农场主和企业家主要通过订阅农业期刊、报纸和利用网络获取信息。

3. 欧盟农业信息服务渠道

欧盟许多知名农业杂志都有自己的网站，如英国最受欢迎的杂志《农场主周报》的域名为 http://www.fwi.co.uk。

欧盟农业信息服务网站提供的服务类型主要有：①农产品市场价格走势，如农业在线（http://www. agCentralOnline. com）以提供市场价格走势为主。②气象预报服务，代表性网站为 http://www.defra.gov.uk。③科技信息，如家畜改进公司网站（http://www.lic.co.nzAndex.html）提供最新的新西兰奶牛基因工程、人工繁殖、牛群测定、饲养管理等方面的信息。④专家在线咨询，如 http://directag. com/di-rectag/expert 提供农艺学家、牲畜养殖顾问和奶牛专家与农户在线交互式服务。⑤提供各类农产品生产经营和管理工具，如 http://www. AgrNet.ie 为农业生产者提供各类农产品经营管理软件和各类表格；http://www. foi. CO. uk/live/markets/ml—cfront. html 为牛肉经营者提供牛肉收益率计算软件等。

第三节 现代农业新技术简介

一、现代农业的生物技术

现代农业生物技术是以农业生物为主要研究对象，以农业应用为目的，以基因工程、细胞工程、发酵工程、蛋白质工程等现代生物技术为主体的综合性技术体系。利用生物技术，可以培育出优质、高产、抗病虫、抗逆性的农作物、畜禽、林木、鱼类等新品种；可进行再生能源的利用，解决能源短缺问题；可以扩大食物、饲料、药品等来源，满足人类日益增长的需要；可以进行废物的良性循环，减少环境污染，充分利用各种资源等。目前，现代生物技术已在许多方面对我国的农业发挥着重要作用。

(一)改善农业生产，解决食品短缺

1. 培育抗逆作物的优良品种，提高农作物产量及其品质

通过基因工程对生物进行基因转移，使生物体获得新的优良品性，这种技术称转基因技术。通过转基因技术获得的生物体称为转基因生物。转基因技术在作物育种上的应用是生物技术农业应用的最主要领域。目前，已经实现对大量的作物进行转基因开发，并有部分进入了商业化应用阶段，这些转基因作物主要涉及四大类近50种作物(见表2-1)。

表2-1 目前已开发的转基因作物

类别	作物
大田作物	玉米、大豆、油菜、棉花、小麦、黑麦、甜菜、向日葵、甘薯、烟草、亚麻等
果树、蔬菜	苹果、杏、梨、胡桃、草莓、番茄、芦笋、白菜、胡萝卜、芹菜、花椰菜、黄瓜、茄子、辣椒、生菜、香瓜、豌豆、番木瓜、马铃薯、苜蓿等
林木	白杨、云杉等
花卉、中药	康乃馨、菊花、洋地黄(毛地黄)、莲花、牵牛花、鸭茅草、甘草、郁金香等

目前，商业化应用的转基因作物主要有抗鳞翅目昆虫棉花、抗虫大豆、玉米、菜、小麦、保鲜番茄、抗虫杨树、抗根虫玉米等。

(1)抗虫品种的开发，在抗虫品种的开发中，利用的抗虫基

因主要有 Bt 毒蛋白基因、蛋白酶抑制剂基因等。目前，已成功地将 Bt 基因转移到马铃薯、烟草、玉米、水稻等作物上，育成了抗甘薯甲虫的甘薯品种、抗欧洲玉米螟的玉米品种、抗卷叶虫与钻心虫的水稻品种、抗棉铃虫的棉花品种、兼具抗虫抗病毒性状马铃薯等，并已实现商业化生产。豇豆胰蛋白酶抑制因子的基因已被成功引入烟草，它的抗虫谱广，能抗鳞翅目等。

(2)抗病品种的选育.目前，人们已经获得了抗病毒的烟草、番茄、苜蓿、马铃薯、西瓜、甘薯、黄瓜、小麦与水稻等；在抗真菌病害方面，获得了抗茎腐病的油菜与抗尖镰孢真菌的马铃薯等抗病植株以及转几丁质酶基因的大豆、棉花、小麦、水稻、玉米、莴苣、甜菜等抗真菌病害植株。

(3)耐除草剂品种的开发，目前已获得了耐广谱性除草剂的马铃薯、大豆、棉花和油菜的品种与耐广谱性除草剂的小麦植株。耐除草剂转基因作物应用面积始终占据全球转基因作物面积 70%以上，美国种植的 1/2 的大豆、1/3 油菜均为抗除草剂转基因品种。

(4)抗特殊环境胁迫的作物品种开发，通过转基因以使农作物增值为主要目标的第二代转基因作物的开发也进入研制开发阶段，并表现出诱人的前景。现已培育成了一批有特殊利用价值的大豆、油菜、玉米、棉花等新品种，部分已进入小面积的商业化应用。

2. 种苗工厂化快繁技术及脱毒苗生产

(1)种苗的微繁技术，利用细胞工程技术对优良品种进行大量的快速无性繁殖，可以实现种苗的工业化生产。该项技术又称植物的微繁殖技术(简称微繁技术)。利用这种无性繁殖技术，短时间内得到遗传稳定的大量小苗(称为试管苗，以区别于种子萌发的实生苗)。并可实现工厂化生产。一个10平方米的恒温室内,可繁殖1万～50万株小苗。所以该项技术可使有价值的、自然繁育慢的植物在很短的时间和有限的空间内得到大量的繁殖。

利用植物微繁殖技术还可培育出不带病毒的脱毒苗。由于植物的根尖或茎尖分生细胞常常是不带毒的,用这种细胞在试管进行无菌培养而繁育的小苗也是不带毒的,从而减少了病毒感染的可能性。

植物的微繁殖技术已广泛应用于花卉、果树、蔬菜、药用植物、农作物的快速繁殖及商品化生产。我国已建立了葡萄、苹果、香、柑橘、花卉等多种植物试管苗的生产线。

(2)脱毒种苗生产,农作物特别是无性繁殖作物,都可能受到一种或一种以上病原菌的周身感染。如:草莓可感染62种病毒和类菌体,因而每年都须更新母株;马铃薯种性的退化与20多种病毒有关;另外,还发现有35种病毒严重影响苹果生产,影响梨的有22种,影响葡萄的有20多种。

脱毒苗生产充分利用了植物的快繁技术,因而具有繁殖速度快、利于保持种性及工厂化生产等优点。同时,利用脱毒苗进行生产,可有效减少病毒危害,提高作物产量及产品品质。

生产脱毒苗技术与植物快繁技术相似,主要的差异在于脱毒的生产多了病毒和纯度检测环节。其生产程序为:选择生长繁茂、感染轻的健壮植株,获取茎尖→组织培养获得脱毒试管苗→病毒和纯度检测→脱毒苗工厂化快速繁殖。

(3)无土栽培生产微型薯,无土栽培生产微型薯是薯类作物安全、快速、高速生产脱毒薯苗的另一种有效方法。具体做法是将试管苗剪成茎段,扦插在载体(如蛭石)上,用营养液供茎段生长，并使其结薯。一般在40～60天内或收获一次薯块，一年可扦插5次，繁殖效率极高。生产3万粒微型薯只需2.7平方米培养架，10平方米温室一年可生产10万粒微型薯，重量仅100多千克，相当于几吨种薯，足够30亩地种植，能减少用种量90%以上。此外，微型种薯也便于长期保存和远距离运输。

3. 利用生物技术提高养分有效性

日本已将固氮基因转入到水稻根际微生物中，试验表明可降低水稻需氮量的1/5，从而有助于减少化肥施用量。我国采用基因工程选育的耐氨型水稻根际固氮菌，已从试验进入田间推广阶段，其应用面积处于世界领先。施用这种细菌可节约化肥1/5，平均增产5%～12.5%。

除细菌外，也可利用真菌提高养分有效性。研究表明，利用真菌接种到土壤，可增加磷与锌的有效性，从而提高作物产量。

4. 利用生物技术开发生物制剂

防治有害生物的生物制剂既可以是细菌性的，也可以是真菌性的或病毒性的。如目前最主要的应用是利用细菌（主要是苏云金杆菌）开发成功了杀灭鳞翅目害虫的细菌杀虫剂。利用病毒开发了毒杀棉螺铃的病毒杀虫剂。利用真菌开发了治甘薯甲虫与甘蔗沫蝉的真菌杀虫剂。利用真菌开发成功的诸如杀灭野豌豆的Collego、杀灭马利筋属杂草的Devine与杀灭山扁豆属杂草的Cast等真菌除草剂。

5. 植物生物反应器

（1）利用马铃薯生产人奶蛋白，将编码β-酪蛋白与乳铁蛋白的基因导入马铃薯后，在马铃薯中表达出人奶的重要组分。目前一颗300克的马铃薯所含的β-酪蛋白相当于250毫升的人奶,1公顷转基因马铃薯创造出的β-酪蛋白和乳铁蛋白分别相当于19250升和12250升人奶相应的成分含量。

(2)转蜘蛛丝蛋白基因的马铃薯,利用烟草和马铃薯作为生物反应器,将棒络新妇蜘蛛的丝蛋白基因导入植物,获得的重组蛋白与天然蛋白具有90%的同源性,马铃薯块茎中的表达量可达总可溶性蛋白的2%。

(3)利用番茄生产乙肝疫苗,中国科学院在成功研制出转基植物——抗乙肝马铃薯之后,又成功地培育出抗乙肝番茄,可用于药物生产。

(4)利用油菜生产可降解塑料,目前研究地最清楚的一种生物可降解塑料是PHB(聚羟基丁酸脂)主要靠微生物生产,但规模小,成本高,目前难与石油产品相竞争。但从发展态势看,利用植物生产PHB,由于合成PHB的关键酶底物丰富,产量高,成本低,利于大规模生产,发展前景广阔。1994年美国Zeneca种子公司成功获得PHB转基因油菜。2000年我国学者叶梁等转化育成油菜H165。

(二)发展畜牧业生产

现代生物技术的迅速发展为养殖业的革新提供了有效的技术手段,为动物生产注入新的活力。利用生物技术在短期内大量繁殖优良动物品种或繁育具有新性状的良种已显示出巨大的潜力。

1. 利用生物技术改良动物品种

与动物育种有关的现代生物技术包括动物转基因技术、胚胎技术、动物克隆技术以及其他以DNA重组技术为基础的各种技术等。其中,转基因技术同样是动物品种改良的主要技术。

利用转基因技术，将与动物优良品质有羊绒的基因转移到动物体内。使动物获得新的品质。例如，通过核移植培育鲤——鲫杂交鱼，通过生长激素基因工程培育"超级"畜"超级"鱼等。通过发酵生产多种生长激素和催乳素等来促进动物生长，缩短了家畜的生长期，起到了增肉、增奶、增蛋效果，提高了家禽家畜的商品率。第一例转基动物是1983年美国学者将大鼠的生长激素基因转入小鼠的受精卵里，再把受精卵转移到雌鼠内借腹怀胎，生下来的小鼠因带有大鼠的生长激素基因而使其生长速度比普通小鼠快50%，并可遗传给下一代。除了小鼠外，科学家们还成功地培育了转基因羊、转基因兔、转基因鱼等多种动物新品系。

我国在转基因动物研究方面，同样做了大量的工作，有的已达到了国际领先水平。先后培育了抗猪瘟病转基因猪等。

此外，利用动物转基因技术在建立试验动物模型方面具有独特的作用。通过转基因技术，遗传学家可精确地失活或增强某些基因的表达来制作各种各样的研究人类疾病的动物模型。目前，利用转基因小鼠作为模型动物来研究人类遗传疾病类型有老年性痴呆症、关节炎、肌肉营养缺乏症、肿瘤发生类型、高血压、神经衰弱症、内分泌功能障碍和动脉硬化症等。

2. 动物克隆

动物克隆技术一直是现代生物技术最具活力、最具诱惑力的领域，各国争相占领制高点。1996年8月美国科学家唐沃尔夫用胚胎切割技术培育出2只恒河猴。尤其是1997年2月苏格兰罗斯林研究所威尔莫特博士成功利用体细胞克隆了"多利"绵羊后，在全世界掀起了克隆研究热潮。1997年7月，罗斯林研究所和PPL公司又宣布用基因改造过的胎儿成纤维细胞克隆现世界上第一头带有人类基因的转基因绵羊“波利”,更显示了克隆技术在培育转基因动物方面的巨大应用价值和在生产生活中广阔的应用前景。除了与基因治疗结合,使得全面、彻底、高效的遗传病治疗成为可能,以及利用克隆技术可以产生人体所需的器官等在医学上的重要作用外,克隆技术在动物生产上还有着十分重要的作用,比如克隆具有巨大经济价值的转基因动物,快速扩大优良种畜以及挽救濒危动物等。

我国在动物克隆领域已取得可喜的成就,在国际上具有较高的地位。代表性的成就主要有:我国台湾的吴哲明利用胚细胞克隆了5头猪;2000年6月16日,世界首例成年体细胞(耳朵皮细胞)克隆山羊在西北农林科技大学顺利诞生,标志着我国动物体细胞克隆技术已跻身于世界先进行列;2001年8月8日上午11时55分、12时15分,在西北农林科技大学的中国克隆动物基地,“阳阳”成功产下一对“龙凤胎”,这对安哥拉与济宁青山羊的杂交一代山羊;2001年10月,由中国农业大学农业生物技术国家重点实验室陈永福教授带领的克隆研究小组,应用他们在新西兰实验室制作的冷冻克隆胚胎成功获得了克隆牛;2001年11月,利用皮肤细胞做核供体细胞的克隆牛在山东莱阳农学院动物胚胎工程中心实验场诞生;2002年1月,中国首例成年体细胞克隆牛实验获得成功,由中国科学院动物所陈大元教授的研究小组和山东农业大学动物胚胎工程中心分别成功获得体细胞克隆荷斯坦奶牛和盖普威种公牛;2002年,中国农业大学李宁教授带领的课题利用冀南牛纯种小母牛的卵巢和耳朵皮肤细胞成功克隆出第一头中国优质黄牛——红系冀南牛。

3. 利用生物技术创新动物繁殖记录

生物技术创新动物繁殖主要是指通过人工授精、胚胎移植、胚胎的冷冻保存、体外胚胎生产、胚胎分割、性别控制及动物发情、排卵及分娩控制等技术实现短期内动物的大量繁殖。

4. 生物技术在动物饲料工业中的应用

生物技术在饲料工业中的应用同样对推动畜牧业的高效、持续、稳定发展具有重要的意义。这一领域的研究应用主要有以下几个方面：DNA重组生长激素的研究与应用，发酵工程技术的研究与应用，寡肽、寡糖添加剂的研究与应用，天然植物提取物的研究开发，有机微量元素添加剂的研究与应用以及营养重分配剂的研究与应用等。

5. 利用生物技术研制畜禽基因工程疫苗

目前的基因工程苗主要有以下几种：基因工程亚单位苗、基因工程活载体苗、合成肽苗、基因缺失疫苗、基因疫苗等。

6. 动物生物反应器

利用转基因动物生产的药用蛋白具有生物活性，而且纯化简单、投资少、成本低，对环境没有污染。利用动物作为药用蛋白的生物反应器，将为传统畜牧业开辟全新的领域。

在目前作为生物反应器开发的各种动物中，小鼠是模型动物，家兔是主流，而反刍动物是理想的转基因生物反应器。

利用乳腺作为生物反应器是当今动物生物反应器研究的热点领域，有21世纪“黄金工厂、钻石车间”的美誉。其要旨是利用乳腺生物反应器来生产药用蛋白或提高乳汁营养。

目前在乳腺中已获得tPA、人α抗胰蛋白酶、人蛋白C、人凝血因子IX、人尿激酶、人乳铁蛋白等。在这一领域代表性的成果有：英国PPL公司1993年培育出绵羊奶中含有治疗肺气肿的α—I抗胰蛋白酶的母羊，羊奶售价6000美元/升，每克药用蛋白价值10万美元；荷兰PHP公司1991年培育出能分泌人乳铁蛋白的牛（3头转基因牛年产奶价值50亿美元）；以色列LAS公司培育出能生血清蛋白的羊；我国在1996年10月培育的一头转基因山羊在乳中分泌出了有活性的能治疗血友病的人凝血因子IX；1998年2月，上海医学遗传研究所与复旦大学遗传学研究所经过多年合作研究，又获得了5头含有用于治疗血友病的人凝血因子IX基因的转基因山羊，该成果被两院院士评为1998年中国十大科技成果之一；1999年2月，我国又培育成功带有人白蛋白基因的转基因试管牛。

二、现代农业的信息技术

现代农业信息技术是以传感技术、通信技术和计算机技术为主，实现农业生产活动有关的信息采集、数据处理、判译分析、存储传输和应用为一体的集成农业技术。涉及农业数据库、管理信息系统、地理信息系统、决策支持系统、专家系统、计算机网络系统、卫星遥感系统、全球定位系统、远程通信等技术的综合运用。

（一）现代农业信息技术类型

1. 信息采集技术

信息采集技术是以遥感系统、全球定位系统、地理信息系统、地面自动化实测技术等对农业生产过程中的各种农业信息进行实时采集。

2. 信息传输技术

信息传输技术是指以通信技术、地理信息系统技术等将采集到的各种农业信息，通过接口，高速度、高质量、准确及时、安全可靠地实时传输至农业信息系统,实现农业信息系统资料的实时更新。

3. 信息处理技术

信息处理技术是指以数据处理技术、模拟模型技术、虚拟现实技术和地理信息系统技术等对农业信息按需求进行处理分析,给出指导农业经营和生产的有用信息,为农业发展提供咨询服务和决策支持。

4. 信息管理技术

信息管理技术是以计算机网络技术为基础,充分利用数据库管理技术、地理信息系统技术对农业资料、图像和文档等信息进行管理,并实现信息资源共享。

5. 信息服务技术

信息服务技术是以多种服务方式,将农业信息产品快速、准确地服务于用户。

6. 信息应用技术

信息应用技术是根据农业生产活动和环境资源信息处理结果,利用控制技术实时确定农业生产管理控制,通过智能化的农机具及设备控制具体实施。

(二)现代农业信息技术的应用

现代农业信息技术在发达国家得到了迅速发展和广泛应用,已经成为提高农业生产力和农业资源利用水平最有效的手段和工具。我国从 20 世纪 80 年代起,开展了农业信息技术的研究,经过 30 多年的努力,有了长足发展,也取得了明显成就。

1. 3S 技术

3S 技术是指遥感(RS)、地理信息系统(GIS)、全球定位系统(GPS)。3S技术目前已经被广泛应用于农业的各个方面,如种植业、养殖业、农业机械、水产业等。主要应用于综合开发、产量估算、生长监测、病虫害预报等。

(1)遥感(RS),包括航空遥感和卫星遥感。航空遥感能进行较精确的测量和立体观察。卫星遥感频度大、时间和空间分辨率高、便于数字化分析。美国宇航局和农业部等在1975年首次运用RS技术实施“大面积作物调查试验计划”,分别对美国本土及前苏联当年的小麦长势和产量进行监测、预测。

(2)地理信息系统(GIS),是在计算机软硬件的支持下,对有关空间数据按地理坐标进行输入、存储、查询、检索、运算、分析、显示、更新和提取应用的技术系统。中国农业大学与荷兰某农业大学合作研究的基于作物生长模拟模型、遥感和地理信息系统的不同层次尺度作物生产管理和土地持续利用项目,重点研究作物生产管理决策,区域经济发展模型,土地持续利用规划体系,区域作物生产力评价和预警方法体系。中国水稻研究所的农作物病虫灾变预警Web—GIS系统开发探讨项目,是以GIS为依托,利用Internet技术,建立在Web上发布、交流病虫预测预报信息的,以解决农作物病虫灾变预警等重大可持续发展面临的问题,提高植物保护中信息交流、预测预报决策水平。河北农业大学人工智能研究所任振辉等研究的用VF5.0开发的小麦、玉米综合管理系统项目,运用GIS技术,将农业技术、科研成果和专家经验与计算机技术结合起来,根据华北平原灌溉区冬小麦、夏玉米一年两作的生产模式,建成作物营养的合理调配与精确施肥方案的决策管理系统一。

(3)全球定位系统(GPS),是以人造卫星组网为基础的无线电导航系统,主要由卫星星座、地面监控和用户信号接收三部分组成。为全球范围内的用户提供全天候、连续、实时、高精度的七维数据（三维位置＋三维速度＋一维时间），具有解决多种学科重大问题的能力，目前已经被广泛应用到各个领域。大连水产学院研究的基于微机的渔业资源探测系统，与 GPS 信号结合，可用于海洋源的调查和评估。

2．通信技术

现代信息技术为人们提供的网络通讯工具有电子邮件、网络电话、网络传真、网络寻呼、WAP 等。

（1）电子邮件（E-mail），通过计算机网络系统，可使用户无需用纸张，方便地写信、寄信、读信、回信和转发信件。你可以在任何一个设有免费信箱的网站去申请一个私人信箱，设定好自己的用户名和密码。使用电子信箱发送国际信件也不需付特别费用。还可以传输文件、订阅电子杂志、参与学术讨论、发送电子新闻，进行多媒体通讯，发送和阅读包括图像、图形、文本、声音和动画在内的多媒体邮件。

（2）网络电话，通过计算机网络的电话系统，它是以多媒体为载体，加上适当的软件，进行 PC（计算机）to PC、PC to Phone（手机）、Phone to Phone 的通信，而且有的还实现了可视传输。

（3）网络寻呼目前最常用的有 ICQ[①] 和中文 QQ 等，中文 OICQ 不仅仅是一个虚拟寻呼机，而且还可以和其他短讯通讯网络互联，如无线寻呼网、GSM 无线移动电话短消息、传真甚至电话网。ICQ 支持显示朋友在线信息、即时传送信息、即时交谈、即时发送文件等。

① ICQ 是一款即时通信软件。

3. 信息网络系统

农业信息网络建设是提高农业综合生产能力的一项重要基础工程。其主要意义表现在5个方面:一是有利于快速、准确、全面地了解国内外农业发展动态;二是有利于农业工作者工作手段的改善,共享农业信息资源,协同攻关;三是有利于实现农业系统办公自动化、提高工作效率和管理水平;四是建立基于网络和多媒体的农业成果推广系统,缩短农业技术的推广周期;五是有利于建立农业信息市场,实现网上交易。据不完全统计,国内中文农业网站近万个,国外网站也近千个。国内农业网站中,从中央到地方大多数都建立了网站,如中国农业信息网、中国畜牧兽医信息网、中国种植业信息网、中国农机化信息网、中国农垦信息网、中国水产市场信息网等,有23个省(直辖市、自治区)建立了农业信息网。

4. 农业应用软件系统

计算机网络技术的普及,极大地促进了农业应用软件的开发研究和推广应用,并且逐步取得较好的经济效益。如专家系统、决策支持系统、数据库管理系统、信息管理系统、多媒体技术等。

(1)专家系统,专家系统是指将众多农业专家的智慧综合起来,形成一个知识库和将实际农业生产活动中获得的许多范例组合成一个范例库。如由长春市农业科学院、吉林大学计算机系共同研制的基于范例推理的玉米高产栽培模式专家系统;由北京佑格科技发展有限公司与农业部饲料工业中心、中国科学院动物研究所研制的猪病诊断专家系统等。

(2)决策支持系统,系统的基本原理与专家系统相似,但主要应用在决策和预测领域。如中国农业科学院的基于模糊规则作物产量预测研究，河北农业大学的苹果、梨病虫害综合防治决策支持系统，北京佑格科技发展公司的饲料配方超级优化决策系统等。

(3)数据库。目前，农业系统开发应用的有代表性的数据库有：中国农林文献数据库、中国农业文摘数据库、中国农作物种质资源数据库、农副产品深加工题录数据库、植物检疫病虫草害名录数据库、农牧渔业科技成果数据库、中国畜牧业综合数据库、全国农业经济统计资料数据库、农产品集市贸易价格行情数据库、农业合作经济数据库等。

(4)信息管理系统，依据标准化的数据结构与交换格式，组织和管理农业信息；基于 RS、GIS、GPS 的农业生态体系与可持续性评价、宏观农业决策、营销战略和市场分析；Internet 与 Intranet 相结合的农业信息采集与科技服务；如中国农业资源信息系统、农机化微机管理系统、乡镇企业管理信息系统、蛋鸡场生产管理系统等。

(5)多媒体技术，多媒体技术为信息的获取、储存、传输提供了新的方法，它不仅能处理文字、数据，而且还能处理图形、图像、声音、视频等，达到图、文、声并茂的效果，大大拓展了信息资源的应用范围。农业领域的多媒体技术，主要应用于农业技术的推广、教学和科研等方面。如中国蔬菜害虫多媒体数据库、水稻的主要害虫及其防治、瘦肉型猪规模化养殖、现代养猪综合技术等。

三、现代农业节水技术

随着全球性水资源供需矛盾的日益加剧，世界各国特别是发达国家都把发展节水高效农业作为现代农业可持续发展的重要措施。节水农业技术的应用可大致分布在4个基本环节中：减少灌溉渠系(管道)输水过程中的水量蒸发与渗漏损失，提高农田灌溉水的利用率；减少田间灌溉过程中的水分深层渗漏和地表流失，在改善灌水质量的同时减少单位灌溉面积的用水量；减少农田土壤的水分蒸发损失，有效地利用天然降水和灌溉水资源；提高作物水分生产率，减少作物的水分奢侈性蒸腾消耗，获得较高的作物产量和用水效益。

节水农业技术通常可归纳为工程节水技术、农艺节水技术、生物(生理)节水技术和水管理节水技术等四类。

(一)工程节水技术

随着现代化规模经营农业的发展，由传统的地面灌溉技术向现代地面灌溉技术的转变是大势所趋。在采用高精度的土地平整基础上，采用水平畦田灌和波涌灌等先进的地面灌溉方法无疑是实现这一转变的重要标志之一。精细地面灌溉方法的应用可明显改进地面畦(沟)灌溉系统的性能，具有节水、增产的显著效益。激光控制土地精细平整技术是目前世界上最先进的土地平整技术，国内外的应用结果表明，高精度的土地平整可使灌溉均达到80%，田间灌水效率达到70%～80%，是改进地面灌溉质量的有效措施。随着计算机技术的发展，在采用地面灌溉实时反馈控制技术的基础上，利用数学模型对地面灌溉全过程进行分析已成为研究地面灌溉性能的重要手段。应用地面灌溉控制参数反求法可有效地克服田间土壤性能的空间变异性，获得最佳的灌水控制数，有效地提高地面灌溉技术的评价精度和制定地面灌溉实施方案的准确性。

（二）农艺节水技术

利用耕作覆盖措施和化学制剂调控农田水分状况、蓄水保墒提高农田水利用率和作物水分生产率的有效途径。国内外已提出许多行之有效的技术和方法，如保护性耕作技术、田间覆盖技术、节水生化制剂（保水剂、吸水剂、种衣剂）和旱地专用肥等技术正得到广泛的应用。如美国中西部大平原由传统耕作到少耕或免耕，由表层松土覆盖到作物残茬秸秆覆盖，由机械耕作除草到化学制剂除草，都显著提高了农田的保土、保肥、保水的效果和农业产量。法国、美国、日本、英国等开发出抗旱节水制剂（保水剂、吸水剂）的系列产品。法国、美国等将聚丙烯酰胺（PAM）喷施在土壤表面，可以起到抑制农田水分蒸发、防止水土流失、改善土壤结构的明显效果。

（三）生物（生理）节水技术

将作物水分生理调控机制与作物高效用水技术紧密结合开发出如调亏灌概、分根区交替灌溉和部分根干燥等作物生理节水技术，可明显地提高作物和果树的水分利用效率。与传统灌水方法追求田间作物根系活动层的充分和均匀湿润的目标不同。分根区交替灌慨和部分根干燥技术，强调在土壤垂直剖面或水平面的某个区域保持土壤干燥，仅让一部分土壤区域灌水湿润，交替控制部分根系区域干燥、部分根系区域湿润，以利于使不同区域的根系交替经受一定程度的水分胁迫锻炼，刺激根系的吸收补偿功能，使根源信号 ABA 向上传输至叶片，调节气孔保持在适宜的开度，达到不牺牲作物光合物质积累而又大量减少其奢侈的蒸腾耗水的目的。与此同时，还可减少作物棵间的土壤湿润面积，降低棵间蒸发损失因水分从湿润区向干燥区侧向运动带来的深层渗漏损失。调亏灌溉是基于作物生理生化过程受遗传特性或生长激素的影响，在作物生长发育的某些阶段主动施加一定的水分胁迫（即人为地让作物经受适度的缺水锻炼）来影响其光合产物向不同组织器官的分配，进而提高其经济产量而舍弃营养器官的生长量及有机合成物的总量。

（四）水管理节水技术

为实现灌溉用水管理手段的现代化与自动化，满足对灌溉系统管理的灵活、准确和快捷的要求，发达国家的灌溉水管理技术正朝着信息化、自动化、智能化的方向发展。在减少灌溉输水调蓄工程的数量、降低工程造价费用的同时，既满足用户的需求，又有效减少弃水，提高灌溉系统的运行性能与效率。

建立灌区用水决策支持系统来模拟作物产量和作物需水过程，预测农田土壤盐分及水分胁迫对产量的影响，基于 Internet 技术：和 RS、GIS、GPS 等技术完成信息的采集、交换与传输，根据实时灌溉预报模型，为用户提供不同类型灌区的动态配水计划，达到优化配置灌溉用水的目标。为适应灌区用水灵活多变的特点，做到适时、适量地供水，需对灌溉输配水采用基于下游控制模式的自控运行方式，利用中央自动监控（即遥测、遥讯、遥调）系统对大型供水渠道进行自动化管理，开展灌区输配水系统的自控技术研究。明渠自控系统运行软件方面，着重开展对供水系统的优化调度计划的研究，采用明渠自恒定流计算机模拟方法结合闸门运行规律编制系统运行的实时控制软件。

四、现代农业无土栽培技术

无土栽培又称营养液栽培、水培等，是近几十年发展起来的一种农业栽培高新技术。它是一种不用土壤而用培养液与其他适当的设备来栽培作物的农业技术。无土栽培的特点是以人工创造的优良根系环境条件，取代通常的根系土壤环境，最大限度地满足根系对水、肥、气等诸多条件的要求，发挥作物生产的最大潜力。所以，无土栽培的作物产量高、品质好。随着科学技术的发展，无土栽培已不仅仅局限于人工对根系环境的改善，现今已发展成为科学化、现代化、自动化等水平很高的作物栽培系统。它和生物技术一样，是当今世界发展很快的一门高技术学科，美国把无土栽培列为现代十大技术成就之一，它为实现农业的工业化生产，发展科技密集型农业展示了广阔的前景。无土栽培的兴起和发展，标志着农作物种植跨入了一个崭新的阶段，一次质的飞跃，使人类可以更充分地利用生存空间，取得超常的产品和物质，甚至成为人类到达难以生存的极地谋生的手段。

无土栽培可以分为五种，即水溶液培养法、沙培养法、培养基培养法、混合培养法和营养膜培养法，其中最常用的是水培法和培养基培养法。

无土栽培的使用范围主要有以下几个方面。

（一）用于栽培蔬菜作物

当前栽培的作物多数国家以蔬菜为主，在蔬菜作物中栽培最多的是番茄，其次有黄瓜、厚皮甜瓜、西瓜、茄子、辣椒、莴苣、菠菜、芹菜等。

（二）栽培花卉植物

多用于栽培切花、盆花用的草本或木本花卉，其花朵较大，花色鲜艳，花期长，香味浓。主栽花卉有玫瑰、菊花、香石竹、郁金香、风信子、唐菖蒲、蔷薇、大岩桐以及部分观叶植物等。

（三）苗木生产

用无土栽培进行苗木生产，具有成苗快、幼苗壮等优点，如果树育苗、园林树木育苗等。

（四）药用植物栽培

草本药用植物可用无土栽培，效果良好。

（五）食用菌栽培

英国等西欧国家用草炭及炭渣栽培食用菌，效果良好，每平方米产量达 16～20 千克。

（六）沙漠、荒滩、盐碱地及楼顶、阳台的利用

在沙滩薄地、盐碱地上利用无土栽培大面积生产蔬菜和花卉有良好效果；有条件的地方还可在楼顶、阳台进行无土栽培，用以补充蔬菜和花卉的需要，而且可以美化环境，调节气候。

（七）航天农业

随着航天事业的发展，无土栽培技术在航天农业上的研究与应用发挥着重要的作用，如美国肯尼迪宇航中心对用无土栽培生产宇航员在太空中所需的食物做了大量的研究与应用工作，有的粮食作物、蔬菜作物栽培已经取得很好的效果。

五、新材料、新机械在农业上的应用

（一）温室大棚技术

温室又称暖房，能透光、保温（或加温），用来栽培植物的设施，在不适宜植物生长的季节，能提高生育期和增加产量。多用

于低温季节喜温蔬菜、花卉、林木等植物的栽培或育苗等。温室的种类多，依不同的屋架材料、采光材料、外形及加温条件等可分为很多种类，如玻璃温室、塑料温室；单栋温室、连栋温室；单屋面温室、双屋面温室；加温温室、不加温温室等。温室结构应密封保温，但又应便于通风降温。现代化温室中具有控制温湿度、光照等条件的设备，用电脑自动控制创造植物所需要的最佳环境条件。

（二）缓释肥技术

肥料作为最多的农业生产成本投入和最重要的增产要求，直接关系到农业的综合效益，大量的施肥实践证明：由于肥料性质与土壤环境条件的综合影响，普通的施肥后，一部分要随水土流失，易造成土壤板结，不利于农作物生长，对土壤环境以及地下水资源造成污染；一部分要挥发到空气中，对大气造成污染，从而使肥料的利用率严重下降；真正被农作物吸收的只是肥料的较少部分。缓释肥是施入土壤中养分释放速度较常规肥料大大减慢、肥效期延长的一类肥料。由于它具有长效性和缓效性，养分释放速度与作物吸收规律相近或一致，养分利用率提高6%～15%。缓释肥对环境的污染被控制到最低水平。而高效缓释肥的出现，正是顺应了现代农业生产的这种需求，研制生产出的一种新型肥料。

（三）小型作业机械

小型作业机械方便在设施内使用，可以实现精准化操作。

六、物联网技术在智能化控制和农产品安全方面的应用

物联网概念于1999年提出，是将所有物品通过各种信息传

感设备，如RFID（射频识别技术，俗称电子标签）、基于光声电磁的传感器、3S技术、激光扫描器等各类装置与互联网结合起来，实现数据采集、融合、处理，并通过操作终端，实现智能识别和管理。应用物联网可以实时地收集温度、湿度、风力、大气、降水量，精准地获取土壤水分、压实程度、电导率、pH、氮素等土壤信息。从而进行科学预测，帮助农民抗灾、减灾，科学种植，提高农业综合效益，实现农业生产的标准化、数字化、网络化。

（一）智能化控制

通过在农业生产园区安装生态信息无线传感器和其他智能控制系统，可对整个园区的生态环境进行检测，从而及时掌握影响园区环境的一些参数，并根据参数变化适时调控如灌溉系统、保温系统、防病虫害系统等，确保农作物有最好的生长环境，以提高产量、保证质量。

（二）农产品安全

物联网可对食品从生产到销售的各个环节进行全面监控。具体做法是给进入农贸市场的农产品安装上电子芯片，芯片可以及时记录该批产品的生产、加工、批发零售等各个环节的信息。消费者在购买产品时索取含有食品安全追溯码的收银条，凭借收银条上的二维码就可以用智能手机查询产地、来源、加工、检疫等多方面信息。物联网一方面可以提供经济效益，另一方面可以大大节约成本。目前，美国、欧盟等都在投入巨资深入研究探索物联网。随着智能农业、精准农业的发展，通信网络、智能感知芯片、移动嵌入式系统等技术在农业中的应用逐步成为研究的热点。

七、光伏技术在改善农村条件方面的应用

现在有个新词叫“光伏农业”。其实就是将太阳能发电广泛应用到现代农业种植、养殖、灌溉、病虫防治以及农机动力等领域。也可以运用在林业生产或水利建设上，例如太阳能水情监测报告系统、林业监测报告系统、水利灌溉系统等需要利用光伏科技和太阳能。

（一）太阳能杀虫灯

最大好处是取代或减少农药的使用，可保证食品安全。同时，市场上的此类产品已经具有时控、雨控、光控、全天候智能化管理等功能，除了普通电源产品外，有些高科技公司还开发出一体化野外太阳能照明杀虫灯、室内便携式照明杀虫杀蚊灯等产品，极大地方便了农民进行病虫害防治。

（二）新型太阳能生态农业大棚

这种技术将太阳能光伏发电系统、光热系统及新型纳米仿生膜技术综合嫁接到传统温室大棚，达到了很好的效果。比如，转光膜技术能根据作物生长对不同波长的光吸收的需求，对透过转光膜的太阳光进行波长转换，以便农作物更容易吸收，提高了光合效率。这种新型大棚能完全实现能源自给，既节能环保，又极易维护，相比于传统大棚，有成本低廉、农产品量质皆高的优点。

（三）太阳能光伏养殖场

这是将现代清洁能源工程与传统养殖事业相结合，在养殖场屋顶建设光伏电站，用以改善和提升传统畜牧养殖业并提供绿色能源的一种全新尝试，同时其推广和普及也能在提升新能源利用水平方面起到积极作用。

(四)太阳能污水净化系统

现在农村的环境污染日益严峻,如何治理污水是其中一个不容忽视的问题。太阳能污水净化系统在将太阳能转化成热能、电能后再有效地运用于污水处理工艺中,在这个过程中,基本没有二次污染和能耗转移。

以上列举的只是几类极具代表性的、可实际运用的光伏产品,实际上,光伏农业还在其他很多方面有着广阔的应用前景。光伏农业符合生物链关系和生物最佳生产原料能量系统要求、遵循农产品生产规律并创新物质和能量转换技术,以达到智能补光、补水及调温的目的,而其产出的农产品将比现有方式生产的产品更安全、更营养、更多产。

八、农业机械技术

我国目前主要农作物的机械化技术主要包括水稻机械化生产技术、小麦机械化生产技术、玉米机械化生产技术、油菜机械化生产技术、棉花机械化生产技术、花生机械化生产技术、甘蔗机械化生产技术、保护性耕作技术、土壤深松机械化技术、高效节水灌溉技术、草原复壮机械化技术、农作物秸秆综合利用机械化技术。

第四节　现代农业产业化经营

现代农业产业化经营是我国农业经营体制机制的重大创新,是建设现代农业的重要途径。经过近 30 年的发展,目前农业产业化经营整体上进入创新升级阶段:发展模式提质增效,经营主体不断增多,利益联结更加紧密,组织模式日趋多元,特别是一、二、三产业融合发展的兴起，更为未来农业产业化经营模式转型升级指明了方向。农业产业化经营的快速发展，离不开农业产业化政策的大力支持。新时期，随着国家支农富农惠农政策的不断落实，国家对农业产业化的支持政策不断丰富，有效地促进了农业产业化的发展，繁荣了农业和农村经济。

一直以来，农业产业化都是以市场为导向，围绕支柱产业和主导产品，采用管理现代农业的办法，通过龙头企业联基地、加合作社、带农户等多种组织模式，积极优化配置各种生产要素，形成种养加、产供销、内外贸、农科教等一体化经营体系，在推进农业转型升级、促进农民收入增加等方面发挥着重要的作用。本任务我们会了解农业新型经营主体，认识农业产业化，掌握农业产业化经营的组织模式，了解一、二、三产业融合的最新动态。

一、认识农业产业化经营

（一）农业产业化经营的含义

农业产业化经营是我国农业经营体制机制的重大创新，是建设现代农业的重要途径。农业产业化是以市场为导向，围绕支柱产业和主导产品，采用管理现代农业的办法，通过龙头企业联基地、加合作社、带农户等多种组织模式，积极优化配置各种生产要素，形成种养加、产供销、内外贸、农科教等一体化经营体系。农业产业化经营的深远意义在于能够通过组织协调生产、加工、销售，引导小农户进入大市场，扩大农户的外部规模，形成区域规模和产业规模，产生聚合规模效应。

与传统的农业生产经营相比，现代农业产业化具有生产的专业化、经营的一体化、管理的企业化、服务的社会化、资源配置的市场化等特点。

(二)农业产业化的发展趋势

我国农业产业化开始于20世纪80年代中后期,经过近30年的发展,大致经历了自发探索、快速发展、创新升级3个阶段。近年来,随着我国农业产业化不断深入发展,产业化组织实力不断增强,规模不断壮大,原料生产基地建设日益标准化、规范化,与农民的利益联结机制更加紧密,对农民的带动能力显著提高,目前农业产业化经营已经进入创新升级阶段。

第一,产业化组织发展快速,经营模式由单一向多元转变。随着农业规模化、专业化、市场化的快速发展,农业产业化组织数量大幅增加,规模和实力持续提升。农业新型经营主体的蓬勃发展也为农业产业化经营模式的多元化提供基础和条件,经营模式日益丰富。

第二,生产投入不断加大,基地建设专业化、标准化、规模化程度增强。新时期人们的消费习惯已经由原来的"温饱型"向"健康型"转变,对农产品的质量要求更高,并且也愿意为高质量的农产品支付较高的价格。为保证持续稳定、高质量的原料供给,农业产业化经营组织将基地建设作为企业可持续发展的重要基础,纷纷加大生产基地投入,基地建设专业化、标准化、规模化程度得到显著增强。

第三,利益联结机制不断完善,由松散型向紧密型转变。随着农业产业化组织形式的不断丰富和利益联结机制的日趋完善,农业产业化组织与农户之间的联结机制已经不再是简单的、松散的关系,在订单农业、保护价收购的基础上,探索出了土地经营权入股、产业联合体、股份制联盟等新兴联结方式,让农民从农业产业链中获得更多实惠、分享更多收益。2014年,各类农业产业化经营组织以订单合同、合作、股份合作等方式,辐射带动农户1.24亿户,年户均增收3234元,分别比2010年增长了 15.9％和 47.5％。

第四，发展模式由单个龙头企业带动向龙头企业集群集聚带动转变，带动能力显著增强。新时期，各地充分依托资源、产业和区位优势，引导龙头企业向优势产业和产区集聚，围绕当地特色产业发展精深加工，带动包装、储藏、运输等配套产业，打造地区主导产业，促进农村一、二、三产业融合互动，形成区域经济新的增长极，对农民的带动能力显著增强。

二、农业产业化经营的组织模式

农业产业化经营是一个渐进的发展过程，不同地区、不同产业、不同发展阶段都有不同的模式。目前，农业产业化经营的组织模式主要有以下四种：

(一)“企业＋农户”模式

“企业＋农户”模式通常是以一个技术先进、资金雄厚的企业作为龙头企业，通过订单合同等契约形式将分散的农户生产和企业加工、销售联结起来。企业与农户之间按照市场上农产品的供求关系变化来进行购销活动。表面上看，企业找到了稳定的原料供应渠道，降低了购进成本；农户则找到了稳定的销售渠道。实质上，这种模式下，企业与农户只是外在形式下的联合，并且农户往往处于合作的劣势地位，其利益联结机制往往比较松散，农产品在企业和农户之间很难形成稳定的供求关系，一旦市场价格高于合同价格时候，农户则把农产品转售给市场的冲动更为强烈；而当市场价格低于合同价格时候，企业更倾向违背合同而从市场上采购原材料。

(二)“企业＋基地＋农户”模式

“企业＋基地＋农户”模式在于通过基地向企业提供农产

品。基地对分散的农户进行监督和约束，同时也是农民的利益代表，对企业挤占农民利益的行为也能进行约束。在基地管理上，企业提供生产技术、农资供应、政策信息传递等统一的服务。基地作为企业和农户的桥梁，保障企业和农户之间的沟通。这种模式克服了“企业＋农户”模式协议定价的缺点，一般只签订了最低保护价格，在规定的收购时限内，如市场整体价格低于保护价格，则按保护价格收购；如市场价格高于保护价格，则按市场整体价格进行收购。

(三)“企业＋农民合作社＋农户”模式

该模式是在企业与农户之间加入农民合作经济组织的中介组织作用。通过农民合作社把分散的农民组织起来，从而形成以企业为龙头、合作经济组织为纽带、众多专业农户为基础，提供从技术服务到生产资料服务再到销售服务的产加销、贸工农一体化全方位服务的产业化经营组织。合作社成为农户的利益共同体，对外是营利性经济实体，对内是非营利性服务组织，合作社赢利时在合作社成员间进行分配。这种模式下，企业、农户和农民合作社能够紧密联系在一起，企业和农户之间的利益联结更加稳定。

(四)“企业＋专业合作社＋家庭农场”模式

该模式是以农业企业为龙头、家庭农场为基础、农民专业合作社为纽带的一体化紧密型现代农业经营组织。与“企业＋农民合作社＋农户”模式相比主要有两点不同：一是从事专业化、规模化农业生产的家庭农场代替了传统分散的农户；二是专业合作社的职能由原来的生产组织者变为了专业化农业生产服务的提供者，上联农业企业，下接家庭农场，起中介纽带作用，按照要求为家庭农场提供产前、产中、产后等环节的服务。各产业化经营主体之间的职能定位更加清晰，利益联结更加紧密。

三、农村一、二、三产业融合发展的新趋势

(一)提出背景

2015年中央1号文件提出“推进农村一、二、三产业融合发展”的重大部署，指出“增加农民收入，必须延长农业产业链、提高农业附加值。立足资源优势，以市场需求为导向，大力发展特色种养业、农产品加工业、农村服务业，扶持发展“一村一品”“一乡(县)一业”，壮大县域经济，带动农民就业致富。积极开发农业多种功能，挖掘乡村生态休闲、旅游观光、文化教育价值。扶持建设一批具有历史、地域、民族特点的特色景观旅游村镇，打造形式多样、特色鲜明的乡村旅游休闲产品。”

农村一、二、三产业融合发展的实质是以农业为基础依托的产业融合，即通过产业联动、产业渗透、产业重组、技术创新、体制创新等方式，将生产要素进行优化配置，使农业生产、农产品加工制造、餐饮旅游以及其他服务业有机结合，协同发展，以此延长产业链，提升价值链。其实质是农业产业化的升级再造，是农业产业化的升级版。

(二)融合发展模式

进入21世纪后，随着城镇化、工业化、信息化的快速发展，我国各地都开始出现了农业与第二、三产业融合发展的趋势，融合发展模式灵活多样，不拘一格。

1. 农业内部产业融合发展模式

农业内部产业融合发展既是一个联合发展的过程，也是一个集群集聚的过程。同一地区不同类型的农民合作社、家庭农场、农产品加工企业通过联合、集聚，紧密合作，形成有效分工，

实现资源优势互补，节约交易费用和物流成本，形成规模优势和集聚优势，从而形成区域内农业产业链的整体升级。

2. 农业产业链延伸融合发展模式

农业产业链条延伸主要是以农产品加工企业为驱动主体，发挥他们上接生产、下联市场的优势，通过组织化创新，深化分工协作，沿着产业链条进行延伸融合，延长产业链，提升价值链。向产业链上游延伸：通过订单农业、股份合作、合作基地等方式，形成紧密的利益联结机制，稳定原料渠道，帮助农民更好地分享产业所带来的实惠；在中游加工环节：通过研发新产品、新工艺，提升产品质量，增加产品附加值；向产业链下游延伸：开拓销售渠道，优化销售模式，塑造商业品牌，扩大市场份额。

3. 农业与其他产业交叉融合发展模式

交叉融合发展主要以农业多功能性为特征，发掘农业在生态、文化、旅游、科技等价值，使之与其他产业相结合，形成新的商业模式。盘活农村资源、促进农业转型、扩大农村就业、促进农民增收、繁荣农村经济，如依托农业景观，发展田园观光旅游；依托城市郊区，发展农家乐体验旅游；依托人文历史，发展民俗风情旅游；依托农业科技，发展农业科普基地。

4. 新兴技术向农业的渗透融合发展模式

随着互联网等信息技术和现代物流业的发展，农业与二、三产业之间的界限已经开始模糊，通过线上购物、在线支付、线下配送等手段，农产品生产者和消费者之间时空的距离已经被大大缩短，农业 B2C 模式（企业—互联网—消费者）和农业 O2O 模式（线上营销，线下经营）等新型农业电子商务运营模式应运而生，适应了新时期消费转型升级的要求，满足了不同消费者多元化、个性化的需求。

模块三　专业大户与家庭农场

农民要致富，关键在思路。家庭农场、农民合作社、龙头企业和专业大户，都是职业农民奔小康的新出路。

随着农村劳动力大量向城镇转移，谁来种地的问题凸现。通过培育新的农村生产经营主体，形成规模化、专业化、集约化和市场化的现代农业生产经营方式，是解决农村劳动力不足和土地撂荒的根本出路，同时，也为职业农民如何开展农业生产经营提供了更多的选择。

2014 年中央 1 号文件中对新型农业经营主体的界定有三句话：一是鼓励发展专业合作、股份合作等多种形式的农民合作社；二是按照自愿原则开展家庭农场登记；三是鼓励发展混合所有制农业产业化龙头企业。具体来讲，农业经营主体主要有专业大户和家庭农场肉种类型。

第一节　专业大户

专业大户是统指那些种植或养殖生产规模明显大于当地传统农户的专业化农户。具体而言表现在某一农业产业收入占50％以上的农户，或者流转了别人的土地达到一定规模，或者养殖业达到一定规模，但区别并不严格。

经典案例

河南南阳对专业大户的规定是:①从事种植业(包括种粮大户、种草大户、种果大户、特色种植大户、苗木大户),种植面积50亩以上。②从事"四荒"开发大户在200亩以上。

③从事养殖业大户,养奶牛10头以上,肉牛50头以上,羊200只以上,鸡5000只以上,猪200头以上。④从事农产品营销大户,年销售额在50万元以上。⑤从事农产品加工大户,资产规模达到50万元以上。

经典案例

重庆市万州区对专业大户分类进行规定,按照种植业、养殖业、加工业和其他四类分别设定条件。如养殖业:实行专人专业化养殖,具备规模养殖所需的基本条件(有房舍、池塘、饲料、饲草资源、技术等),并符合下列条件之一即可。①年饲养奶牛10头以上,肉牛30头以上,山羊50只以上,商品猪年出栏100头以上,兔常年饲养量200只以上,年饲养家禽2000只以上,养鱼5吨以上。②自产农产品年综合销售收入人均1万元以上。又如其他分类的条件有:①服务对象以万州内的农业、农村、农民为主,包括农用生产资料供应、农副产品贩运(不含纯运输业)、农业机械化服务、农业科技信息咨询服务等,年经营收入人均3万元以上。②农村劳务经纪人年输送劳务在100人以上。

第二节　家庭农场

一、家庭农场的概念

家庭农场原是指欧美国家的大规模经营农户。2007 年党的十七届三中全会提出在有条件的地方可以发展家庭农场，由此家庭农场成为我国新型农业经营主体的一个重要类型（表 3-1）。

表 3-1　家庭农场的定义与条件

文件	《农业部关于做好 2013 年农业农村经济工作的意见》（农发[2013]1 号）
定义	以家庭成员为主要劳动力，从事农业规模化、集约化、商品化生产经营，并以农业为主要收入来源的新型农业经营主体
条件	①家庭农场经营者应具有农村户籍（即非城镇居民）； ②以家庭成员为主要劳动力。即：无常年雇工或常年雇工数量不超过家庭务农人员数量； ③以农业收入为主。即：农业净收入占家庭农场总收益的 80%以上； ④经营规模达到一定标准并相对稳定。即：从事粮食作物的，租期或承包期在 5 年以上的土地经营面积达到 50 亩（一年两熟制地区）或 100 亩（一年一熟制地区）以上；从事经济作物、养殖业或种养结合的，应达到当地县级以上农业部门确定的规模标准； ⑤家庭农场经营者应接受过农业技能培训； ⑥家庭农场经营活动有比较完整的财务收支记录； ⑦对其他农户开展农业生产有示范带动作用

由此看出，家庭农场的基本特点是土地经营规模较大、土地

流转关系稳定、集约化水平较高、管理水平较高等。和一般专业大户相比，家庭农场在集约化水平、经营管理水平、生产经营稳定性等方面做了进一步的要求。专业大户和家庭农场仍然属于家庭经营。

二、经营家庭农场的作用

①家庭农场整合应用了先进的农业科技、良种、良法、农机作业，示范推广了农业高新科技，节约了生产成本。

②家庭农场参加了农业保险，增强了抵御自然灾害的能力。它得到政府扶持资金，能不断扩大种养殖规模，提高经济效益，增加示范效应。

③家庭农场按有机农业标准化技术生产，应用安全放心农资，生产出的农产品有机、环保，吃得放心，有订单，不愁销路，种出的农产品能获得很好的经济效益。

④创办人通过租赁获得农民的土地，家庭农场使闲置的土地发挥了最大效益。

⑤家庭农场是现代农业的发展方向，是进一步加快农业发展，示范推广农业新科技，提高科技贡献率的有效途径。

三、家庭农场的扶持政策

(1)上海松江区现金补贴：①农资综合直补 76 元/亩；②水稻种植补贴 150 元/亩；③土地流转费补贴 100 元/亩，面积以 80～200 亩为标准；④家庭农场生产管理考核补贴 100 元/亩，全年分两次考核，根据考核结果确定补贴标准；⑤绿肥种植补贴 200 元/亩。物化补贴：①药剂补贴 22.5 元/亩；②水稻良种补贴常规稻 16 元/亩、杂交稻 25 元/亩；③二麦种子补贴小麦 35

元/亩，大麦 35 元/亩；④绿肥种子补贴（以实物形式发放）。

（2）吉林延边：①对家庭农场贷款贴息；②注册登记的家庭农场可享受到各项国家农业财政补贴政策；③对水田、蔬菜和经济作物种植面积 50 公顷以上、旱田 100 公顷以上的家庭农场，扩大到一次性享受 5 台农机购置补贴；④对家庭农场农作物保险给予补贴；⑤加大资金支持力度；⑥实施税收优惠政策；⑦家庭农场经营者可以使用集体土地建设生产经营用临时建筑物。

（3）武汉可获财政补贴 4 万元，采用先建后补形式发放。

四、家庭农场的经营

要成为一个合格的农场主，不仅要有资金，还要懂技术，以及具备与众不同的经营思路。

一是要找准特色定位，针对当地的农业资源，选择最适合自己发展的种植业或者畜牧业，当地政府也应做好相应的服务工作，帮助农民找准定位。

二是管理者要找“内行”，无论是家庭成员，还是请人帮工，都要让专业的人来做事，一个对农业一窍不通的城里人是不可能搞好农场的。

三是要熟悉市场运作，事先就要搭建好销售渠道，避免“菜贱伤农”。

四是要舍得投入基础设施，事先要有谋划，对于水利、电力、沟渠等设施要有规划，最好做一份计划书。

五是要充分利用好农业政策。

模块四　农民专业合作社

第一节　农民专业合作社的业务范围和基本原则

一、农民专业合作社的业务范围

农民专业合作社是在农村家庭承包经营基础上，同类农产品的生产经营者或者同类农业生产经营服务的提供者、利用者，自愿联合、民主管理的互助性经济组织。

与公司、合伙企业等组织形式不同，农民专业合作社的内部组织结构比较简单，其经营是以其成员为主要服务对象，提供农业生产资料购买，农产品销售、加工、运输、贮藏以及与农业生产经营有关的技术、信息等服务。

农民专业合作社为农业增产、农民增收做出了积极贡献。农民专业合作社的益处是将村民从“单打独斗”的种植模式转变为“抱团闯市场”，使“指头”变成“拳头”，在市场上更具竞争力。

二、农民专业合作社的基本原则

(一)成员以农民为主体

根据《中华人民共和国农民专业合作社法》(简称《农民专业

合作社法》)规定，具有民事行为能力的公民，以及从事与农民专业合作社业务直接有关的生产经营活动的企业、事业单位或者社会团体，能够利用农民专业合作社提供的服务，承认并遵守农民专业合作社章程，履行章程规定的入社手续的，可以成为农民专业合作社的成员，即农民、企事业单位和社会团体都可以成为合作社的成员。适当吸收从事与合作社业务直接有关的生产经营的企事业单位或者社会团体参加合作社，对合作社开拓市场、提高市场竞争力等具有重要作用。但是，在允许非农民参加合作社的同时，应当保证农民成员的主体地位，防止合作社被少数人操纵和利用。《农民专业合作社法》规定，农民专业合作社的成员中，农民至少应当占成员总数的80%，并对合作社中企业、事业单位、社会团体成员的数量进行了限制。

(二)以服务成员为宗旨，谋求全体成员的共同利益

农民专业合作社是以成员自我服务为目的而成立的。参加农民专业合作社的成员，都是从事同类农产品生产、经营或提供同类服务的农业生产经营者，目的是通过合作互助提高规模效益，完成单个农民办不了、办不好、办了不合算的事。这种互助性特点，决定了它以成员为主要服务对象，决定了“对成员服务不以盈利为目的、谋求全体成员共同利益”的经营原则。

(三)入社自愿、退社自由

农民专业合作社是互助性经济组织，农民可以自愿加入一个或者多个农民专业合作社，入社不改变家庭承包经营；农民也可以自由退出农民专业合作社，退出时，农民专业合作社应当按照章程规定的方式和期限，退还记载在该成员账户内的出资额和公积金份额，并将成员资格终止前的可分配盈余依法返还给成员。

但是，《农民专业合作社法》在坚持“入社自愿、退社自由”的成员资格开放原则的同时，也做出相应的限制性规定。一方面，从成员资格方面加以限制。规定成员必须具有行为能力，企事业单位和社会团体成员必须从事与农民专业合作社的业务有关的生产经营活动，而且数量不得超过法定比例。另一方面，规定了成员退社的条件和程序。农民专业合作社成员要求退社的，应当在财务年度终了的 3 个月前向理事长或者理事会提出，其中，企业、事业单位或者社会团体成员退社，应当在财务年度终了的 6 个月前提出；章程另有规定的，从其规定。退社成员的成员资格自财务年度终了时终止。农民专业合作社宣布解散，或者人民法院受理破产申请时，不能办理成员退社手续。

（四）成员地位平等，实行民主管理

《农民专业合作社法》从农民专业合作社的组织机构和保证农民成员对本社的民主管理两个方面作了规定：农民专业合作社成员大会是本社的权力机构，农民专业合作社必须设理事长，也可以根据自身需要设成员代表大会（需成员 150 人以上）、理事会、执行监事或者监事会；成员可以通过民主程序直接控制本社的生产经营活动。但需要注意的是，农民专业合作社法虽然以成员地位平等、实行民主管理为基本原则，但却不死守“一人一票”制，允许章程规定按照成员的出资和交易额附加表决权，但是不得超过基本表决权的 20％。

（五）盈余主要按照交易量（额）比例返还

盈余分配方式的不同是农民专业合作社与其他经济组织的重要区别。为了体现盈余主要按照成员与农民专业合作社的交易量（额）比例返还的基本原则，保护一般成员和出资较多成员

的积极性，可分配盈余中按成员与本社的交易量(额)比例返还的总额不得低于可分配盈余的60%，其余部分可以依法以分红的方式按成员在合作社财产中相应的比例分配给成员。

第二节 农民专业合作社的设立、登记、解散和清算

一、农民专业合作社的法人地位

农民专业合作社作为市场主体，具有独立的法律地位，是其对外开展经营活动的前提，也是其合法权益得以保护的基础。因此法律规定，农民专业合作社具有法人资格，也就是说它可以独立地进行民事活动，独立地承担责任。入社的农民不用担心一旦入社而又经营亏损，是不是自己多年辛辛苦苦积累的家底都要赔进去了，合作社的财产与个人财产是分开的、各自独立的。

二、农民专业合作社的设立条件

农民专业合作社要成为法人，必须具备如下条件：

(1)农民专业合作社应当有5名以上的成员，其中农民至少应当占成员总数的80%。成员总数20人以下的，可以有1个企业、事业单位或者社会团体成员；成员总数超过20人的，企业、事业单位和社会团体成员不得超过成员总数的5%。

(2)有符合规定的章程。

(3)有符合规定的组织机构。

(4)有符合规定的名称和章程确定的住所。农民专业合作社的名称应当含有“专业合作社”字样，并符合国家有关企业名称登记管理的规定。农民专业合作社的住所是其主要办事机构

所在地。

(5)有符合章程规定的成员出资。农民专业合作社成员可以用货币出资,也可以用实物、知识产权等能够用货币估价并可以依法转让的非货币财产作价出资。成员以非货币财产出资的,由全体成员评估作价。成员不得以劳务、信用、自然人姓名、商誉、特许经营权或者设定担保的财产等作价出资。成员的出资额以及出资总额应当以人民币表示,成员出资额之和为成员出资总额。

三、农民专业合作社的登记

农民专业合作社经登记机关依法登记,领取农民专业合作社法人营业执照,取得法人资格。未经依法登记,不得以农民专业合作社名义从事经营活动。

农民专业合作社只要具备法律法规规定的设立条件,均可依法向住所地工商部门申请登记,取得法人资格。农民专业合作社注册登记并取得法人资格后,即获得了法律认可的独立的民商事主体地位,从而具备法人的权利能力和行为能力,可以在日常运行中依法以自己的名义登记财产(如申请自己的字号、商标或者专利)、从事经济活动(与其他市场主体订立合同)、参加诉讼和仲裁活动,并且可以依法享受国家对合作社的财政、金融和税收等方面的扶持政策。农民专业合作社的登记事项包括名称、住所、成员出资总额、业务范围、法定代表人姓名。

(一)设立登记

设立农民专业合作社,应当向工商行政管理部门提交下列文件:

(1)登记申请书。

(2)全体设立人签名、盖章的设立大会纪要。

(3)全体设立人签名、盖章的章程。

(4)法定代表人、理事的任职文件及身份证明。

(5)出资成员签名、盖章的出资清单。

(6)成员名册及成员身份证明。

(7)住所使用证明。

(8)指定代表或委托代理人的证明。

如果业务范围在登记前须经批准,还应当提交批准文件。

(二)变更登记和注销登记

(1)变更登记。已经登记的事项如果发生变更,应及时到原登记机关申请变更登记。

(2)注销登记。办理注销登记的情形包括:①农民专业合作社的业务范围须经批准,但因特定事由许可证或批准文件被吊销、撤销的或有效期届满的;②经清算组清算结束的;③因合并、分立而解散的。

四、农民专业合作社的解散和清算

(一)农民专业合作社的解散

农民专业合作社解散是指合作社因发生法律规定的解散事由而停止业务活动,最终使法人资格消灭的法律行为。合作社有下列情形之一的,应当解散:

1. 章程规定的解散事由出现

一般来说,解散事由是合作社章程的必要记载事项,合作社的设立大会在制定合作社章程时,可以预先约定合作社的各种解散事由,如合作社的存续期间、完成特定业务活动等。如果在合作社经营中，规定的解散事由出现，成员大会或者成员代表大会可以决议解散合作社。如果此时不想解散，可以通过修改章程的办法，使合作社继续存续，但这种情况应当办理变更登记。

2. 成员大会决议解散

成员大会是合作社的权力机构，依法有权对合作社的解散事项作出决议。农民专业合作社召开成员大会，作出解散的决议应当由本社成员表决权总数的2/3以上通过。章程对表决权数有较高规定的，从其规定。成员大会决议解散合作社，不受合作社章程规定的解散事由的约束，可以在合作社章程规定的解散事由出现前，根据成员的意愿决议解散合作社。

3. 因合并或者分立需要解散

当合作社吸收合并时，吸收方存续，被吸收方解散；当合作社新设合并时，合并各方均解散。当合作社分立时，如果原合作社存续，则不存在解散问题；如果原合作社分立后不再存在，则原合作社应解散。合作社的合并、分立应由成员大会作出决议。

4. 依法被吊销营业执照或者被撤销

依法被吊销营业执照是指依法剥夺被处罚合作社已经取得的营业执照，使其丧失合作社经营资格。被撤销是指由行政机关依法撤销农民专业合作社登记。农民专业合作社向登记机关提供虚假登记材料或者采取其他欺诈手段取得登记的，由登记机关责令改正；情节严重的，撤销登记。当合作社违反法律、行政法规被吊销营业执照或者被撤销的，应当解散。

(二)农民专业合作社解散后的清算

清算，指农民专业合作社解散后，依照法定程序清理合作社债权债务，处理合作社剩余财产，使合作社归于消灭的法律行为。

清算的目的是为了保护合作社成员和债权人的利益，除合作社合并、分立两种情形外，合作社解散后都应当依法进行清算。

1. 清算组的成立

因章程规定的解散事由出现、成员大会决议解散或者依法被吊销营业执照、被撤销等原因解散的，应当在解散事由出现之日起15日内由成员大会推举成员组成清算组，开始解散清算。逾期不能组成清算组的，成员、债权人可以向人民法院申请指定成员组成清算组进行清算，人民法院应当受理该申请，并及时指定成员组成清算组进行清算。

2. 清算组的职权

清算组是指在合作社清算期间负责清算事务执行的法定机构。合作社一旦进入清算程序，理事会、理事、经理即应停止执行职务，而由清算组行使管理合作社业务和财产的职权，对内执行清算业务，对外代表合作社。清算组自成立之日起接管农民专业合作社，负责处理与清算有关的未了结业务，清理财产和债权、债务，分配清偿债务后的剩余财产，代表农民专业合作社参与诉讼、仲裁或者其他法律程序，并在清算结束时办理注销登记。清算组成员应当忠于职守，依法履行清算义务，因故意或者重大过失给农民专业合作社成员及债权人造成损失的，应当承担赔偿责任。

3. 清算的程序

第一步，通知、公告合作社成员和债权人。合作社在解散清算时，由清算组通知本社成员和债权人有关情况，通知公告债权人在法定期间内申报自己的债权。为了顺利完成债权登记、债务清偿和财产分配，避免和减少纠纷，清算组应当自成立之日起

10 日内通知本社成员和明确知道的债权人；而对于不明确的债权人或者不知道具体地址和其他联系方式的，由于难以通知其申报债权，清算组应自成立之日起 60 日内在报纸上公告，催促债权人申报债权。但如果在规定的期间内全部成员、债权人均已收到通知，则免除清算组的公告义务。债权人应在规定的期间内向清算组申报债权。债权人申报债权时，应明确提出其债权内容、数额，债权成立的时间、地点，有无担保等事项，并提供相关证明材料，清算组对债权人提出的债权申报应当逐一查实，并做出准确翔实的登记。

这里需要说明的是，在债权申报期间内，清算组不能对债权人进行清偿，如果清算组在此期间对已经明确的债权人进行清偿，有可能造成后申报债权的债权人不能得到清偿，这是对其他债权人权利的严重侵害。

第二步，制订清算方案。清算组在清理合作社财产、编制资产负债表和财产清单后，应尽快制订包括清偿农民专业合作社员工的工资及社会保险费用，清偿所欠税款和其他各项债务，以及分配剩余财产在内的清算方案。清算组制订出清算方案后，应报成员大会通过或者人民法院确认。

第三步，实施清算方案。清算方案经农民专业合作社成员大会通过或者人民法院确认后实施。清算方案的实施必须在支付清算费用、清偿员工工资及社会保险费用，清偿所欠税款和其他各项债务后，再按财产分配的规定向成员分配剩余财产。如果发现合作社财产不足以清偿债务的，清算组应当停止清算工作，依法向人民法院申请破产。

第四步，清算结束办理注销登记。办理完合作社的注销登记，清算组的职权终止，清算组即行解散，不得再以合作社清算组的名义进行活动。

另外需注意，农民专业合作社接受国家财政直接补助形成的财产，在解散、破产清算时，不得作为可分配剩余资产分配给成员；破产财产在清偿破产费用和公益债务后，应当优先清偿破产前与农民成员已发生交易但尚未结清的款项。

第三节 农民专业合作社的治理

一、农民专业合作社成员的权利和义务

（一）成员的权利

（1）参加成员大会，并享有表决权、选举权和被选举权，按照章程规定对本社实行民主管理。

（2）利用本社提供的服务和生产经营设施。

（3）按照章程规定或者成员大会决议分享盈余。

（4）查阅本社的章程、成员名册、成员大会或成员代表大会记录、理事会会议决议、监事会会议决议、财务会计报告和会计账簿。

（5）章程规定的其他权利。

（二）成员的基本表决权和附加表决权

成员大会的选举和表决，实行一人一票制，每一个成员不论是农民成员还是法人成员，均享有一票的基本表决权。

附加表决权，是指出资额或者与本社交易量较大的成员，可以享有的超出基本表决权的表决权。但是是否享有附加表决权，要看全体成员共同制定的章程中对此是否加以规定。如果规定此权利，不得超过基本表决权总票数的20%。章程还可以

限制附加表决权行使的范围。

(三)成员的义务

(1)执行成员大会、成员代表大会和理事会的决议。

(2)按照章程规定向本社出资。

(3)按照章程规定与本社进行交易。

(4)按照章程规定承担亏损。

(5)章程规定的其他义务。

二、农民专业合作社的组织机构

(一)法定组织机构

1. 成员大会

农民专业合作社的成员大会由农民专业合作社的全体成员组成,成员大会是农民专业合作社的权力机构,负责就合作社的重大事项作出决议,集体行使权力。成员大会以会议的形式行使权力,而不采取常设机构或者日常办公的方式。成员参加成员大会是法律赋予所有成员的权利,也是合作社“成员地位平等,实行民主管理”原则的体现,所有成员都可以通过成员大会参与合作社事务的决策和管理。成员大会行使下列职权:

(1)修改章程。合作社章程的修改,需要由本社成员表决权总数的2/3以上成员通过。

(2)选举和罢免理事长、理事、执行监事或者监事会成员。理事会(理事长)、监事会(执行监事)分别是合作社的执行机关和监督机关,其任免权应当由成员大会行使。

(3)决定重大财产处置、对外投资、对外担保和生产经营中的其他重大事项。上述重大事项是否可行、是否符合合作社和大多数成员的利益，应由成员大会来作出决定。

(4)批准年度业务报告、盈余分配方案、亏损处理方案。年度业务报告是对合作社年度生产经营情况进行的总结，对年度业务报告的审批结果体现了对理事会（理事长）、监事会（执行监事）一年工作的评价。盈余分配和亏损处理方案关系到所有成员获得的收益和承担的责任，成员大会有权审批，成员大会认为方案符合要求的予以批准，反之则不予批准，可以责成理事长或者理事会重新拟定有关方案。

(5)对合并、分立、解散、清算作出决议。合作社的合并、分立、解散关系合作社的存续状态，与每个成员的切身利益相关。因此，这些决议至少应当由本社成员表决权总数的2/3以上通过。

(6)决定聘用经营管理人员和专业技术人员的数量、资格和任期。农民专业合作社是由全体成员共同管理的组织，成员大会有权决定合作社聘用管理人员和技术人员的相关事项。

(7)听取理事长或者理事会关于成员变动情况的报告。成员变动情况关系到合作社的规模、资产和成员获得收益与分担亏损等诸多因素，成员大会有必要及时了解成员增加或者减少的变动情况。

(8)章程规定的其他职权。除上述七项职权，章程对成员大会的职权还可以结合本社的实际情况作其他规定。

2. 理事长

农民专业合作社作为法人进行工商登记后从事生产经营活动，必须从设立起就明确合作社的法定代表人。因此农民专业合作社法规定，理事长为本社的法定代表人。合作社设理事长是农民专业合作社法明确规定的，不管合作社的规模大小、成员多少，也不管合作社有无理事会，都要设理事长。

(二)任意组织机构

1. 成员代表大会

农民专业合作社存在发展规模、成员分布地域等不同情况，要求所有成员在统一的时间内集中在一起召开成员大会往往难以实现。为了保证合作社成员能够依法有效行使民主管理的权力，降低召开成员大会的成本，提高议事效率，农民专业合作社法规定：成员超过150人的农民专业合作社可以设立成员代表大会。成员总数达到这一规模的合作社可以根据自身发展的实际情况决定是否设立成员代表大会，需要设立成员代表大会的合作社应当在章程中载明相关事项并按照章程的规定设立成员代表大会。

2. 理事会

《农民专业合作社法》规定，农民专业合作社都要设理事长，理事会可以设立，也可以不设立。

合作社规模较小，成员人数很少，没有必要设立理事会的，由一个成员信任的人作为理事长来负责合作社的经营管理工作就可以了，这样有利于精简机构，提高效率。关于合作社是否设立理事会及理事的人数等事项，农民专业合作社法并未作强制性规定，而由合作社章程规定。理事长、理事会由成员大会从本社成员中选举产生，对成员大会负责，其产生办法、职权、任期、议事规则由章程规定。

3. 监事会或执行监事

执行监事或者监事会是农民专业合作社的监督机关，对合作社的财务和业务执行情况进行监督。执行监事是指仅由一人组成的监督机关，监事会是指由多人组成的团体担任的监督机关。

农民专业合作社可以设执行监事或者监事会。农民专业合作社的监督是由全体成员进行的监督，强调的是成员的直接监督。由此，农民专业合作社法规定，执行监事或者监事会不是农民专业合作社的必设机构。如果成员大会认为需要提高效率，可以根据实际情况选择设执行监事或者监事会。是否设执行监事或监事会由合作社在章程中规定。一般来讲，合作社设执行监事的，不再设监事会。

4. 经理

农民专业合作社法规定，农民专业合作社的理事长或者理事会可以按照成员大会的决定聘任经理。经理应当按照章程规定和理事长或者理事会授权，负责农民专业合作社的具体生产经营活动。因此经理是合作社的雇员，在理事会（理事长）的领导下工作，对理事会（理事长）负责。经理由理事会（理事长）决定聘任，也由其决定解聘。

农民专业合作社的理事长或者理事可以兼任经理。理事长或者理事兼任经理的，也应当按照章程规定和理事长或者理事会授权履行经理的职责，负责农民专业合作社的具体生产经营活动。

总之，经理不是农民专业合作社的法定机构，合作社可以聘任经理，也可以不聘任经理；经理可以由本社成员担任，也可以从外面聘请。是否需要聘任经理，由合作社根据自身的经营规模和具体情况而定。聘任经理或者由理事长、理事兼任经理的，由经理按照章程规定和理事长或者理事会授权，负责农民专业合作社的具体生产经营活动；否则，由理事长或者理事会直接管理农民专业合作社的具体生产经营活动。

三、农民专业合作社的章程

农民专业合作社的章程由全体设立人制定，所有加入该合作社的成员都必须承认并遵守。章程应当采用书面形式，全体设立人在章程上签名、盖章。农民专业合作社的章程是农民专业合作社自治特征的重要体现，因此，对于农民专业合作社的重要事项，都应当由成员协商后规定在章程之中。

修改章程要经成员大会作出修改章程的决议，并应当依照农民专业合作社法的规定，由本社成员表决权总数的2/3以上通过。章程也可以对修改章程的程序和表决权数作出更严格的规定，这也是为了保证章程的相对稳定。

农民专业合作社章程应当载明下列事项：

(1)名称和住所。

(2)业务范围。

(3)成员资格及入社、退社和除名。

(4)成员的权利和义务。

(5)组织机构及其产生办法、职权、任期、议事规则。

(6)成员的出资方式、出资额。

(7)财务管理和盈余分配、亏损处理。

(8)章程修改程序。

(9)解散事由和清算办法。

(10)公告事项及发布方式。

(11)需要规定的其他事项。

第四节　农民专业合作社的财产制度

一、农民专业合作社的财产权利

(一)合作社的财产权利

农民专业合作社法规定，合作社对成员出资、公积金、国家财政补助和社会捐赠形成的财产，享有占有、使用和处分的权利。该规定实质上是明确了合作社对上述财产的独立支配的权利，而不苛求拥有对这些财产的所有权。农民专业合作社以上述财产对债务承担责任，是合作社行使财产处分权利的重要形式。

(二)成员的财产权利

在农民专业合作社中，成员的财产权利表现在以下方面：

(1)成员向合作社的出资在本质上是将其个人拥有的财产授权于合作社支配，在合作社存续期间，其作为合作社成员与其他成员以共同控制的方式行使对所有成员出资的支配。

(2)合作社应当为每一个成员设立成员账户，用以记载成员出资、公积金份额和交易量(额)，作为成员参加盈余分配的重要依据，同时也说明了成员对其出资和享有的公积金份额拥有终极所有权。《农民专业合作社法》规定，成员资格终止的，农民专业合作社应当按照章程规定的方式和期限，退还记载在该成员账户内的出资额和公积金份额；对成员资格终止前的可分配盈余，依照该法第三十七条第二款的规定向其返还。同时，明确规定资格终止的成员应当按照章程规定分摊资格终止前本社的亏损及债务。

二、农民专业合作社的成员账户制度

成员账户是指农民专业合作社在进行某些会计核算时，要为每位成员设立明细科目分别核算。根据农民专业合作社法的规定，成员账户主要包括 3 项内容：一是记录成员出资情况，二是记录成员与合作社交易情况，三是记录成员的公积金变化情况。这些单独记录的会计资料是确定成员参与合作社盈余分配、财产分配的重要依据。

三、农民专业合作社的盈余分配制度

合作社盈余的分配，主要应根据交易量（额）的比例进行返还，按交易量（额）比例返还的盈余不得低于可分配盈余的60%。比如农产品销售合作社，如果成员都不通过合作社销售农产品，合作社就收购不到农产品，也就无法运转。对于农业生产资料合作社，如果成员不通过合作社购买生产资料，合作社也就失去了存在的必要。因此，成员享受合作社服务的量（即与合作社的交易量）就是衡量成员对合作社贡献的最重要依据。成员与合作社的交易量也就是产生合作社盈余的最重要来源（当然，成员出资也扮演了重要角色）。

按交易量（额）的比例返还是盈余返还的主要方式，但不是唯一途径。根据农民专业合作社法的规定，合作社可以根据自身情况，按照成员账户中记载的出资和公积金份额，以及本社接受国家财政直接补助和他人捐赠形成的财产平均量化到成员的份额，按比例分配部分利润。

在现实中，一个合作社中成员出资不同的情况大量存在。在我国农村资金比较缺乏，合作社资金实力较弱的情况下，必须足够重视成员出资在合作社运作和获得盈余中的作用。适当按照出资进行盈余分配，可以使出资多的成员获得较多的盈余，从而实现鼓励成员出资、壮大合作社资金实力的目的。此外，成员账户中记载的公积金份额、本社接受国家财政直接补助和他人捐赠形成的财产平均量化到成员的份额，也都应当作为盈余分配时考虑的依据。这是因为，补助和捐赠的财产是以合作社为对象的，而由此产生的财产则应当归全体成员所有，并可以作为盈余分配考虑的依据。

四、农民专业合作社的财务管理制度

农民专业合作社的财务制度合理健全与否直接关系到合作社能否健康有序运行,同时关系到成员的切身利益。农民专业合作社法主要从以下五个方面进行了规定:

(1)农民专业合作社应当按照国务院财政部门制定的财务会计制度进行会计核算。

(2)农民专业合作社实行财务公开制度,理事长或者理事会应当按照章程规定,组织编制年度业务报告、盈余分配方案、亏损处理方案以及财务会计报告,以供成员查阅。

(3)实施成员账户制度,为每一个合作社的成员建立账户,明确记载该成员的出资、公积金以及与其所在合作社的交易量(额),以保护每一个成员的财产权。

(4)对于农民专业合作社与其成员和非成员之间的交易实行分别核算制度。这一方面体现了农民专业合作社区别于其他经济组织的本质特征,另一方面也保证了国家扶持政策的有效落实。

(5)合作社应当设立不可分割的公共积累,以满足合作社发展的资金需求。同时对农民专业合作社的公积金制度也做了比较灵活的处理:一是是否提取公积金由合作社自己决定,即不设置法定公积金制度;二是提取的公积金应当量化到每一个成员,记载在成员账户中,并作为成员参与盈余分配的依据,以保护成员的财产权利;三是成员退社时,可以按照成员账户中的记载,带走其出资和相应的公积金。

模块五　农业社会化服务

建设中国特色现代农业，必须建立完善的农业社会化服务体系。要坚持主体多元化、服务专业化、运行市场化的方向，充分发挥公共服务机构作用，加快构建公益性服务与经营性服务相结合、专项服务与综合服务相协调的新型农业社会化服务体系。为了帮助大家了解为什么要农业社会化服务？农业社会化服务的具体内容有哪些？怎样发挥农业社会化服务的作用促进农业发展？本章帮助大家做一些分析，并提供一些案例作为参考。

第一节　新型农业社会化服务体系

提起农业社会化服务，我们并不陌生。新中国成立后，我国就逐步建立了农业技术推广、农村生产资料供销、农村信用社等农业社会化服务体系。改革开放以前，村里就有农业技术员，公社有农技站、信用社、供销社等服务机构。

改革开放以来，我国农业发展环境发生了深刻变化。在市场经济条件下，农业产业既需要政府在履行公益性服务职能中发挥主导作用，解决农业服务领域中市场缺失的问题，又要遵循市场经济规律，发挥社会各方面力量的作用提供经营性服务，这就对农业社会化服务提出了新的要求。

一、专业化生产引来专业化服务

新中国成立以来，我国农业发展大致经历了5个发展阶段：一是以解决温饱问题为目标，“以粮为纲，全面发展”；二是以丰富人们的“菜篮子”为目标，“决不放松粮食生产，积极发展多种经营”“发展高产优质高效农业”，适应人们不断增长的多样化食物消费需求；三是以适应市场需求为目标，调整农产品品种和品质结构，改善农产品市场供求关系；四是以合理有效地配置农业生产要素为目标，优化农产品区域布局，发展“一村一品”“一镇一业”，提高农产品竞争力；五是以发挥农业的多功能作用为目标，加快转变农业发展方式。

二、农业社会化服务的内容

农业是多部门服务的领域，农民是多部门服务的对象，农业社会化服务涉及多个部门和领域。2013年中央1号文件指出，要坚持主体多元化、服务专业化、运行市场化的方向，充分发挥公共服务机构作用，加快构建公益性服务与经营性服务相结合、专项服务与综合服务相协调的新型农业社会化服务体系。

随着现代农业的发展，直接从事农业生产的人员会在不断减少。许多发达国家从事农业生产的人数占人口的比重已下降到5%以下，但是为农业服务的企业、服务组织的人数却超过直接从事农业生产的人数。从我国国情出发，农业社会化服务涉及的领域多，包括农业科技服务、农业生产服务、农业基础设施服务、农村经营管理服务、农村商品流通服务、农村金融服务、农村信息服务、农产品质量安全服务等8个方面。

农业社会化服务的性质和内容不同，既有公益性服务，也有经营性服务。农业技术推广、科研、教育单位以及科学技术协会、妇联、共青团等社会团体和合作经济组织、企业等，在开展农业社会化服务中都发挥了重要作用。我们可以结合自己的需求，首先了解自己的工作属于哪些部门主管，然后再看看有关的政策，主动地争取相关的政策和资金支持，尽可能用好用足强农富农惠农政策。

三、加快发展农业社会化服务体系意义重大

农业社会化服务即由农业生产经营主体把生产过程中的某些环节和项目，交由社会有关单位和组织来承担和完成，通常是交由政府公共服务部门、农业合作经济组织和社会其他服务机构组成的组织体系来完成。通过农业的社会化服务，满足农、林、牧、渔等产业发展中产前、产中、产后过程的各类需求，能极大地提高农民的组织化程度，促进农业专业分工、农民转岗转业，推进现代农业和农村经济又好又快发展。

（一）是对农村基本经营制度的完善

20世纪80年代初，我市农村普遍推行了以家庭联产承包为基础的统分结合的双层经营体制，“家庭分散经营”切实保障了农民的生产经营自主权、收益权，极大地解放了农村劳动生产力，调动了广大农民群众的生产积极性，促进了农业生产特别是粮食生产的发展，较好地解决了农民的温饱问题。但是随着农村经济形势的快速发展，这一经营制度也暴露出了一些弱点，“小生产”与“大市场”脱节的问题尤为突出，“集体统一服务”的功能明显滞后，“分”有余，而“统”不足，而发展农业社会化服务体系能够较好地解决一家一户办不了、办不好或办起来不经济的事，强化了“统”的功能，真正实现有统有分、统分结合，有利于

稳定家庭承包经营这一农村基本经营制度。

(二)是发展现代农业的客观要求

以家庭承包经营为基础的双层经营体制是党在农村最基本的一项政策,必须长期坚持,长久不变,家庭分散经营也必将长期存在。在家庭分散经营的条件下,还必然存在着生产主体多、生产规模小、生产水平低等问题。一方面,随着农业生产专业化、商品化程度的提高,农业生产对社会化服务的依赖程度会越来越高,作为商品的生产者和经营者,农户对社会化服务的需求将不断增长,需要由产中服务发展到产前、产中、产后的系列化服务,对服务范围与质量也有更新的要求。另一方面,随着二、三产业的发展,呈现出农业兼业化、副业化,普遍存在"在家劳力不当家,当家劳力不在家"的现象,先进农艺、农技推广和科技兴农难于实现。通过发展农业社会化服务体系,使用先进的生产手段和先进的科学技术,提供统一高质量的服务,使产销各个环节逐渐实现社会化,还可以按照市场需要,引导一家一户的生产向专业化、区域化发展,推进农业产业化进程,加快形成农业产业集群,促进现代农业发展。

(三)是发展现代服务业的重要内容

现代农业发展需要建立一个较为完善的农业社会化服务体系,其中可以有不同层次、不同经济成分、不同业务性质的众多独立的经营单位,但其共同性的任务是向农业提供服务,包括为农业提供市场信息、金融信贷、生产资料、各种生产技术指导以及农副产品收购储存、运输、加工和销售等服务,并以章程、合同或协议等形式与服务对象联结在一起,形成一个产业群,它是第三产业在农村中的重要组成部分,发展的市场十分广阔,发展潜力十分巨大,必将成为我市服务业发展新的增长点。同时,农业社会化服务体系的完善,不但服务组织自身可以吸纳较多的农村剩余劳动力,而且又为农村劳动力向二、三产业转移提供了条件,反过来又促进了城市服务业的发展。

(四)是生产经营的好帮手

随着我国工业化、城镇化的推进,农村劳动力大量向二、三产业和城镇转移,一方面缓解了农村剩余劳动力的压力,为城市发展、农民就业和增收做出了贡献;另一方面造成农户兼业化、村庄空心化、人口老龄化,对农业生产经营服务提出了新的要求。通过农业社会化服务可为季节性在外打工和家庭劳动力不足或缺少技术的农户提供从种到收各环节的服务,是农业生产经营的好帮手。

经典案例

前曹镇农业专业合作社组建5个专业服务队伍为农户服务

山东省平原县于2009年3月组织12个工作组对前曹镇农村土地经营情况进行了调查。通过调查发现:一是农户种田科技含量低、机械化程度低、效益低;二是主要劳动力外出打工,农村劳动力短缺;三是土地管理粗放且土地零散,难以形成规模;四是老百姓不愿失去土地。于是在政府支持下成立了土地托管合作社,把一家一户分散零星的土地统一规划,统一供应生产资料,统一技术服务,改变了"家家地不多,户户各干各"的经营状况,解决了一家一户办不了、办不好或办起来不划算的事,提高了农业生产经营服务水平。

合作社组建了5个专业服务队伍:一是农机服务队,合作社购买或租赁老百姓的机械，为农户提供机耕、机播、机收服务；二是农技服务队，合作社聘请专业技术人员，为农户提供田间管理、农业新品种的引进、推广等技术服务；三是农资服务队，合作社与大型农资、厂商联系统一购进生产资料，降低了生产成本；四是劳务服务队，为农户提供各种劳务服务，2010 年春季，通过菜单式服务，为社员浇水 2 万多亩，喷施农药近 5 万亩，为农户节约资金 10 多万元；五是植保服务队，合作社购买或租赁植保器械，为广大农户提供统一的农作物病虫害防治，实行统防统治。

（资料来源：陈建华、杨丽的《土地托管合作社：农村土地流转新模式》发表于《经济要参》，2011 年第 2 期）

农户可在依法、自愿、有偿的前提下，根据自己的生产能力，按照自己的实际需要，自愿选择菜单式服务、全程托管服务，或者承租型合作模式把土地承包经营权流转给合作社、种粮大户、家庭农场等新型农业经营主体，实现规模经营。

第二节　农民合作社提供农业社会化服务的策略

一、不花钱为农民提供便捷高效的服务

由于农业在国民经济中的基础性作用，农民增收又事关我国全面建成小康社会，中央把解决“三农”问题摆在各项工作重中之重的位置，各级政府及有关部门出台了一系列强农富农惠农政策，许多农业社会化服务都有政府财政支持，农民不用花钱，就可以方便地享有这些公益性服务。

随着农业生产力水平的提高，农业产业的多样性与农民个

体需求多样化和现代传媒技术的应用，对农业技术推广内容、手段、方法提出了新要求。各地各有关部门创新服务方式和手段，增强服务的时效性、针对性，为农民提供了便捷高效的服务。

经典案例

浙江省政府优化农业公共服务，为农户提供帮助

浙江省把提供公共服务作为政府的重要职责，在多年健全基层农技推广体系的基础上，以农技推广为基础、集动植物疫病防控和农产品质量安全监管三项职能于一体，全面落实基层农技人员责任制度，广泛建立农技110服务热线，加快构建省、市、县、乡四级有服务机构、村有服务站点和推广示范户的公共服务网。2012年，浙江省政府对基层农业公共服务中心建设进行部署，进一步健全基层公共服务条件和功能，全省共建立乡镇“三位一体”农业公共服务机构1213个，配有乡镇农技人员1.2万人。在此基础上，把公共服务向信息交流、土地流转、产品推介等领域延伸。通过优化公共服务，解决了分散农户难以解决、企业和市场难以提供的服务需求，为社会化服务组织发育提供了良好土壤。

（资料来源：浙江省农业厅经营管理处，《创新社会化服务机制着力健全农业社会化服务体系》）

二、便捷、准确地获取信息

农民对信息的需求已涵盖到农业生产、加工、流通、科研教育、技术推广、消费等各个方面。

面向现代农业建设，社会化服务已经不是靠"一张嘴、两条腿"。过去一个村只有一部电话，还不是什么人都能用。现在不仅许多农民家里有固定电话，个人有移动电话，还连接了宽带上网，信息传播手段多样化。

便捷、准确地获取信息是农村生产摆脱盲目性的基础，也是提高生产效率、交易效率的有效途径。目前，我国农业信息服务呈现出服务内容多样化、服务手段现代化、服务渠道社会化的趋势。利用电视、短信、网络等现代信息手段，足不出户便能知"天下事"，为快速、及时地获得信息开辟了新的途径。

三、解决资金不足

近年来，随着农村经济发展，农户贷款难成为制约农村经济发展的瓶颈，受到党和政府的高度重视。金融机构响应中央的号召，积极创新金融产品和服务方式，推进农村信用体系建设。然而，农业弱质性特征决定了农业信贷的高成本、高风险，加之我国农户生产规模小、经济基础薄弱，缺少抵押物，银行的商业性质必然导致对开展信贷服务动力不足，农户贷款难成为农村经济发展和农民增收的制约因素。

经典案例

安徽省安庆市组织农民专业合作社开展信用合作取得成效

安徽省安庆市市委、市政府着眼于激活农村金融、整合基层组织资源、增强农村内在活力，于 2010 年 7 月在安徽省农委的大力支持下，启动了农民专业合作社信用合作试点。在有产业支撑、管理规范的合作社，成员以闲散资金投资入股，按照“对内不对外、吸股不吸储、分红不分息”的原则，开展内部资金互助服务。

全市开展信用合作的合作社有24家，入股成员5539户，吸收成员股金3420万元，获得银行授信2275万元，累计发放互助资金8416万元，收益成员5200多户。

安庆市组织农民专业合作社开展信用合作取得4个方面的成效：一是满足了一批成员农户季节性、短期性生产资金需求，在一定范围内缓解了农村贷款难的问题；二是带动了农村特色产业的发展和农户增收；三是增强了合作社的吸引力、凝聚力和带动力；四是降低了农村资金融通的利息成本和风险，有利于提高银行贷款的积极性。

（资料来源：潘忠苗、陈群的《积极开展信用合作促进农民增产增收》，《中国农民合作社》）

四、农机服务走进千家万户

由于农村劳动力的季节性短缺，加上耕种、施肥、植保、收割等劳动强度大的农活，迫切需要社会化服务组织来承担。早在1986年，山西省太谷县五家堡村农民温廷玉买了一台东风牌联合收割机，与另5位村民一道，利用麦熟的时间差，从运城北上太谷沿途收麦，首先搞起了跨区专业。通过跨区作业，大幅度提高了农机的利用率，解决了“有机户有机没活干、无机户有活没机干”的矛盾，既提高了农机的利用率和农机手的效益，又满足了农民特别是外出务工人员对农机作业的需求，在生产方式上实现了规模化经营，是一个具有中国特色的农机社会化服务模式。

经典案例

山东省农机合作社的服务模式

山东省在工商部门注册的农机合作社约4313个。其中主要有五种类型：一是农机大户联合型。二是农村能人带动型。主要由农村致富能手、村干部带动其他农机户创办的合作社。三是乡村集体农机服务组织改进型。将原来村农机作业队改制或乡镇农机站所属服务实体把用于经营的农机装备折价入股组建。四是农机企业领办型。五是农村社区创办型。由社区集体出资按股份制入社。

农机合作社以服务为手段，以节本增效为核心，积极创新农机合作社的服务模式：一是开展跨区作业。二是组织订单作业。这种方式已成为农机合作社为本地作业服务的主要方式。三是农田托管。既不改变土地承包经营权，又能实现土地流转规模经营，颇受农民欢迎。四是土地规模经营。农机合作社通过承包、租赁、互换、转让、股份合作等形式，把农户分散的土地连片经营，提高劳动生产率、资源利用率和土地产出率。

山东省农机作业服务总面积达2.6亿亩（其中农机合作社8664万亩），既根据农民需求提供各种社会化服务，又使农机经营者增强了服务功能，增加了服务收入。

（资料来源：山东省农机局监督管理处，《壮大农机服务主体创新农业经营体制》发表于《中国农民合作社》，2013年第5期）

五、专家大院专业化服务

农业科研、教育培训单位具有人才、成果密集的优势，是人才培养基地和技术成果的源头。长期以来，各地通过建设新农村发展研究院、农业综合服务示范基地、科技特派员、专家大院等方式，组织科技人员面向农村开展农业技术推广，发挥了非常重要的作用。

经典案例

农业专家大院的运行模式

西北农林科技大学和宝鸡市政府合作，探索通过建设农业科技专家大院推动宝鸡市的农业科技推广体制改革。市财政拨专款在全市建成布尔羊、秦川牛、苗木花卉、特种玉米、杂交小麦、辣椒、果品、蔬菜、蚕桑、“万元田”等32个农业科技专家大院。专家大院修建220平方米的二层小楼，配备完善的生活设施，设有实验室、培训教室、图书资料室和科技咨询室。在院外规划建设了科技试验田和示范园（基地），使实验室与试验田连成一体，实现了农业科研、试验、示范、培训、推广的有机结合。

农业专家大院主要有以下运行模式：一是“专家＋龙头企业＋农户”的科技产业化模式。围绕主导产业，依靠专家的科研成果，进行动植物新品种培育、推广和产业化示范。引导涉农企业家接受新成果，并借助政府农业技术推广体系，进行规模化推广。二是“专家＋技术推广机构＋农户”的科技推广模式。通过专家建立实验田和高科技示范园区进行示范、田间指导、发放书籍、开设培训班等方式，让农民亲身感受采用新技术成果的效果与收益，促进农户采用新技术。三是“专家＋科技企业＋农户”的科技推广模式。在专家的指导下，涉农科技企业建立技术咨询室、良种供应点、技术指导站等服务平台，开展有偿技术服务和销售良种、化肥、农药等农资产品。通过收取技术服务咨询费或经营销售收入，支持技术推广。四是“专家＋中介组织＋农户”的科技推广模式。专家与从事农产运销等经营活动的中介组织就地设立产品集散市场，通过与其他市场、厂商建立营销关系，以及代理农户进行交易、运输等方式，在农户与市场之间发挥桥梁和纽带作用，降低农产市场交易成本与运输成本。五是“专家＋科技示范园”的科技推广模式。通过建立科技示范园区，发挥专家在园区规划、项目设计、技术服务等方面的作用。

专家大院是为农业专家搭建的科技成果快速转化的一个平台，对专家而言，是科研中心、试验中心和新技术、新品种的推广中心；对农民而言，是技术培训中心和信息中心；对地区农业生产而言，是农业良种中心和科技龙头，有利于促进农科教结合、产学研结合。

六、做好与企业的合作

发展现代农业需要建立与之相适应的现代农业产业体系，实现农业产业化经营。用管理现代工业的办法来组织农业的专业化生产、一体化经营、社会化服务、企业化管理，仅靠农民自己是难以实现的。

解决分散的农户适应市场，进入市场的问题，是经济结构战略性调整的难点。农民种什么？养什么？发展什么？主要取决于产品能不能卖出去、卖个好价钱，这就需要了解市场情况，适应市场需求。企业具有适应市场、开拓市场、赢得市场的能力，从某种意义上说，农户与企业合作就是找到了市场。把千家万户的小生产与千变万化的大市场有机对接起来，可以有效降低市场风险，减少结构调整的盲目性。

目前，农村商品流通是按照生产→流通→农业生产→流通→市场这个流程在运行。农村商品流通环节多、成本高，已经成为影响农产品销售成本的重要因素。农产品经常出现"卖难""买贵"的现象，主要问题出在流通环节。发挥农业生产企业和农民合作社对农户的带动作用，提高农民的组织化程度，帮助农户与企业对接，让农民直接从生产企业购买农业生产资料，以及通过"农超对接""农社对接""农校对接"等多种形式，减少流通环节，建立便捷、高效的流通体系，提高整个体系的活力和效率。

我国加入 WTO 后，国际农业竞争已经不是单项产品、单个生产者之间的竞争，而是包括农产品质量、品牌、价值和农业经营主体、经营方式在内的整个产业体系的综合性竞争。积极推进农业产业化经营的发展，有利于把农业生产、加工、销售环节联结起来，把分散经营的农户联合起来，有效地提高农业生产的组织化程度，把农业标准和农产品质量标准全面引入到农业生产加工、流通的全过程，创出自己的品牌，有利于应对加入 WTO 的挑战，全面增强农业的市场竞争力。

七、化解生产经营纠纷的捷径

在农业生产经营过程中，难免会出现纠纷。出现纠纷怎么办？到法院打官司是不得已才选择的办法。最好的办法是能够通过调解协商解决，农业承包合同纠纷还可以通过仲裁解决。

拓展阅读

农业承包合同纠纷仲裁

农业承包合同纠纷仲裁是指根据农业承包合同纠纷当事人的申请，由农业承包合同仲裁委员会依法进行受理并做出裁决，从而解决农业承包合同纠纷的一种制度。这个制度可以避免将农村土地承包经营纠纷提交法院解决，是化解生产经营纠纷的一条捷径。

根据《中华人民共和国农村土地承包经营纠纷调解仲裁法》，农业部、国家林业局制定了《农村土地承包经营纠纷仲裁规则》(以下简称《规则》)，自 2010 年 1 月 1 日起施行。

拓展阅读

《农村土地承经营纠纷仲裁规则》

《规则》适用于因订立、履行、变更、解除和终止在履行农村土地承包合同过程中发生的纠纷，因农村土地承包经营权转包、出租、互换、转让、入股等流转发生的纠纷，因收回、调整承包地发生的纠纷，因确认农村土地承包经营权发生的纠纷，因侵害农村土地承包经营权发生的纠纷，以及法律、法规规定的其他农村土地承包经营纠纷。因征收集体所有的土地及其补偿发生的纠纷，不属于仲裁委员会的受理范围，可以通过行政复议或者诉讼等方式解决。

第三节 合作社社员参与社会化服务

一、专业合作社能提供的服务内容

随着农业专业化、商品化的发展，广大农民对社会化服务的要求更为迫切，需要产前、产中和产后系列化的服务产品，其内容也更具广泛性和多层次性，广大农民希望社会提供以下10方面的服务。

（一）销售服务

农民迫切需要社会提供稳定的销售服务，通过“订单”式生产、建立农副产品专业批发市场、组织营销经纪人直接上门收购等形式，解决农产品“卖难”问题。

（二）信息服务

要建立起信息的搜集、分析、整理、发布和利用的快速反应机制，为农民提供致富生产项目、生产结构调整、产品销售、生产资料价格、土地流转等信息，指导农民生产。

（三）科技服务

通过技术培训、技术辅导、技术咨询、技术承包等形式，帮助农民解决生产技术难题，为农民生产提供技术支撑。

（四）物资服务

主要是化肥、种子、农药等生产资料的供给，他们对购买农用物资更关心的是农资的价格和质量，也希望政府进一步规范农资市场，严肃查处坑农、害农等行为，保护农民切身利益。

（五）加工服务

为农民提供农产品的初级加工、冷藏保鲜等，既平衡市场供应，又提高了农产品的附加值，增加农民收益。

（六）劳务服务

农村劳动力的大量转移，劳务服务已呈现出旺盛需求，农民希望社会为他们提供“全程托管”“代耕代种”“统防统治”等服务。

（七）金融服务

在产业化经营的起步阶段，农民尤其需要金融的支持。要不断创新发展金融服务组织，丰富金融服务产品，优化贷款手续，降低融资成本，为农民提供融资、农业担保和农业保险等系列服务。

（八）经营决策服务

经营决策服务包括生产布局规划、项目可行性论证以及经营方面的意见、建议等，使决策更有科学性。

（九）政策服务

现阶段的农民比以往任何时候都渴望国家和各级政府提供一些政策性的服务。一方面希望能把现有政策落到实处，并能得到政策咨询、政策指导等方面的服务。另一方面，又寄希望能够出台更多、力度更大的扶持政策，包括产业发展的扶持政策，农产品总量的宏观调控政策，有利于服务组织发展的促进政策等。

（十）法律服务

法律服务主要是普法宣传、法律咨询、契约公证、合同仲裁和诉讼提供服务，帮助农民运用法律武器维护自身的合法权益。

二、农业社会化服务体系还不完备

对照农民的愿望和发展现代农业的要求，现有的农业社会化服务体系还很不完备，主要表现在以下几个方面。

一是从服务主体看，村经济合作社是社会化服务的基础，长期以来，为农民提供机耕、灌溉等服务，但由于受财力、人力、智力等因素的制约，限制了服务的广度和深度。基层农技推广部门是社会化服务的主力军，但服务人员年龄老化、知识单一、服务方式陈旧是其共性的问题。农民专业合作社是一支新崛起的有生力量，但也存在着规模小、实力弱和运作机制以及利益联结机制不完善等问题。目前，全市已建有专业合作社 71 家，社员 6200 户，占全市农户数的 7%，覆盖面还很小。农业龙头企业 37 家，同样也存在着服务功能不全、带动能力不强和利益联结不紧密等问题。各服务组织之间还存在着组织分散、互不联系配套等问题，影响了服务的整体效益。

二是从服务内容看，当前为农民提供的服务主要集中在统一提供良种和栽培技术、统一灌溉等有限项目上，服务项目单一，服务质量低，缺少针对性，而农民迫切需要的种植结构调整、标准化品牌化生产技术、农产品销售、加工、包装以及资金信贷等方面的服务仍然是短腿，服务的有效性有待于进一步提高。

三是从利益联结看，当前基层农技推广部门的服务、集体经济组织的内部服务以及民间的各种合作性质的服务很少是视同商品实行等价交换，大都是作为扶持性或自助性服务以无偿或低偿的形式提供给每个农民，这就限制了农业社会化服务的商品化进程，也削弱了服务主体提供服务的内在动力。

四是从政策保障看，农业服务组织为农业生产提供各种服务，当前困难在于既得不到足够的财政支持，又不能按照市场经济等价交换的原则完全商品化，在开展服务活动中遇到资金、税收、用地等多种政策性障碍，制约了服务组织的自我发展。

三、农业社会化服务模式的现实选择

要加快构建以公共服务机构为依托、要以合作经济组织为基础、龙头企业为骨干、其他社会力量为补充，公益性服务和经营性服务相结合、专项服务和综合服务相协调的多元化、多层次、多形式的新型农业社会化服务体系。这个体系必须打破城乡、地区、行业、所有制的界限，广泛运用行政、经济和技术等手段，与农户结成经济共同体，为农户提供产供销一条龙服务，实行贸工农一体化经营。

（一）国家农技推广机构综合服务模式

政府主管的农业技术推广机构，承担着公益性的服务职能，并有技术、信息及网络等优势，通过联产业联基地联农户，对产业的规划布局、技术引进、示范推广等提供系列服务，促进优势产业发展。

（二）农村集体经济组织兴办各类服务组织模式

农村集体经济组织起着外联政府职能部门，内联广大农户的纽带作用。农村集体经济组织所提供的内部服务，是整个农村社会化服务体系的基础。因此，要大力发展村级集体经济，壮大村级经济实力，建立各类服务组织，强化集体统一服务功能，为农户生产经营实行全程服务。

（三）农民专业合作社（或产业协会）模式

农民专业合作社是以产业为基础、资金为纽带，将单个农民组织起来的合作经济组织，为农户提供信息、技术、购销等产前、产中、产后的服务，随着组织规模的扩大和建设规范，必将成为农业社会化服务的重要力量。在合作社巩固和发展的基础上，各合作社又可自愿按产业联合，逐步组成从地方到中央的联社或产业协会，代表农民在经济、法律、税收等方面的利益，保持与政府及国内外合作组织的联系。

(四)村级综合服务社模式

结合农村新社区建设，建设以村部办公、生产生活资料供应、社区卫生服务、文体活动和教育培训等“五位一体”为主要内容的村级综合服务社，让农民群众在家门口享受系列公共服务。

(五)农业龙头企业模式

农业龙头企业一头联市场，一头联基地联农户，企业利用自身的加工、冷藏、包装、市场等设备设施优势，负责收购农产品加工原料或销售鲜食农产品，其“订单”式一条龙服务更受农民欢迎，极大地提高了农民抗御自然风险和市场风险的能力，对推进产业发展，促进农民增收有较强的带动作用。

(六)农村经纪组织(人)模式

农村经纪组织(人)利用掌握市场信息较广的优势为生产者和销售商之间架起沟通的桥梁，在确保产品质量和数量的前提下，为生产者提供产品销售信息，为销售商提供产品供应信息，有力地促进产品的市场流通。

模块六 农产品质量安全

第一节 农产品质量安全概述

“民以食为天，食以安为先”。农产品质量安全已经成为人民群众关注的热点和焦点问题。农产品质量安全关系到每个人的身体健康和生命安全，抓好农产品质量安全监管工作、确保人民群众消费安全是最大的民生。

一、我国农业安全问题概述

（一）农业安全和农产品安全

1. 农业安全

农业安全（或农业产业安全）是指采取有效的国家行动，避免内部和外在因素的变化危及我国农业在国民经济中的基础产业地位，确保农业可持续发展。农业安全的内涵应包括以下几个要义：①确保粮食安全；②确保实现农业的可持续发展，主要有生态的可持续性、经济的可持续性、生产可持续性和社会可持续性；③解决农民问题，确保农民安全；④调整农业产业结构，确保农业产业的国际竞争力。所以，农业安全包括粮食安全、农业生产安全、农产品安全和农民安全。

2. 粮食安全

联合国粮农组织将粮食安全定义为：所有的人，在任何时间，都能够买得到和买得起足够、安全和营养的食物，以满足健康生活所需的饮食需求和消费偏好。

3. 农业生产安全

农业生产安全指影响农业生产健康运行的各因素处于良好的状态。农业生产安全包括农业环境安全（或农业生态安全）、农业生物安全、农业资源安全和农业体制安全。

4. 农产品安全

农产品安全来自于食物安全，1992 年国际营养大会上定义食物安全为"在任何时候人人都可以获得安全营养的食物来维持健康能动的生活"。农产品质量安全含义为：食物应当无毒无害，不能对人体造成任何危害。也就是说，食物必须保证不致人患病和引起慢性疾病或者潜在危害。

5. 农民安全

农民安全主要指农民作为社会生活的主体其发展状态的不稳定，包括农民的生存安全（指中国农民的绝对贫困和相对贫困共存的状态以及实现现代化过程中所面临的不断被边缘化的趋势，涉及农民的贫困状况、受教育程度、健康状况和失业问题）、收入安全（收入水平低、增收困难、收入不稳定）和社会地位安全（即社会、文化、政治地位上的贫困以及风险和面临风险的脆弱性）。

(二)农业生产安全问题与对策

1. 农业环境安全问题与对策

(1)农业环境安全问题

目前,我国农业环境安全问题主要有以下几个方面:①灾害频发;②温室气体排放及其对全球气候的不良影响;③农业生态环境不断恶化。

(2)影响农业环境安全的因素

①人类活动对农业生态系统和农业环境的破坏,如环境的破坏、土地沙化、污染等;②农业生产过程对农业生态系统内部的破坏和外部环境的污染,如化肥、农药的使用等;③外来生物入侵对生态系统平衡的破坏。

(3)农业环境安全对策

加强环境保护的制度建设和法规执行力度;加强保护环境的宣传,提高全民的环保意识;提高农业生态系统的防灾减灾能力。

2. 农业生物安全问题与对策

(1)农业生物安全问题

主要的农业生物安全问题:①生物多样性丧失和物种退化;②生物入侵;③转基因生物风险。

(2)农业生物安全对策

加强科学研究;加强生物多样性和物种保护;加强农业生物安全的预警体系建设;科学进行农业生物管理。

3. 农业资源安全问题与对策

(1)农业资源安全问题

农业资源安全的突出问题有:①水资源。水资源危机表现在为人均水资源占有量少；水资源空间分布不均衡；农用水资源污染严重。②土地资源。耕地资源的危机主要表现为人均耕地资源少，耕地质量差，后备资源不足；荒漠化和非农建设用地造成耕地资源快速减少；耕地污染严重。③种质资源，主要是农业种植资源的丧失和保护问题。

(2)农业资源安全对策

加强资源的保护和科学利用可加强农业资源安全。

4. 农业体制安全问题与对策

(1)农业体制安全问题

主要表现在：①在经营体制上，以家庭为单位的分散经营方式与农业生产力发展要求的不协调；②在管理体制上的部门分割、行业分割等阻碍农业整体素质和效益的提高；③在制度上，城乡二元结构及其农业产业政策不适应当今中国社会和经济发展的需要。

(2)农业体制安全对策

设计城乡一体化制度；管理体制上的协调统一；经营体制上向大生产方式转变。

(三)农产品安全问题与对策

1. 农产品、食品和可食用农产品的含义

广义的农产品是指人类有意识地利用动植物生长机能以获得生活所必需的食物和其他物质资料的经济活动的产物。一般将其中可以直接作为食物或作为食物的主要原料产品的那部分，称为可食用农产品，它是研究农产品质量安全的主要对象。

食品(食物)是指人类生存与发展所需的最基本的物质生活

资料。食品和农产品的内涵有差异,外延有交叉。

2. 现阶段农产品质量安全水平

有机农产品:有机农产品所强调的是有机农业的产物,通常是指来自于有机农业生产体系,根据国际有机农业生产要求和相应的标准生产的,并通过独立的有机食品认证机构认证的农产品。

绿色农产品:绿色农产品是遵循可持续发展原则,按照特定生产方式生产,经专门机构认定,许可使用绿色食品商标标志的无污染的安全、优质、营养类食品。绿色农产品分A级和AA级。

无公害农产品:无公害农产品是指产地环境、生产过程和产品质量符合国家有关标准和规范的要求,经认证合格获得认证证书,并允许使用无公害农产品标志的未经加工或者加工的安全、优质、面向大众消费的农产品。

3. 我国农产品质量安全问题

我国目前农产品质量安全存在的主要问题如下:①化肥农药等残留污染问题;②食物加工中滥加化学添加剂,导致食物中毒现象;③食物健康污染问题;④农产品及其加工产品出口面临挑战。

4. 影响农产品质量安全的因素

(1)生产环境的污染

生产环境污染主要来源于产地环境的土壤、空气和水。

农产品在生产过程中造成污染主要表现为过量使用农药、兽药、添加剂和违禁药物造成的有毒有害物质残留超标。

(2)遭受有害生物入侵的污染

农产品在种(养)殖过程中可能遭受致病性细菌、病毒和毒素入侵的污染。

(3)人为因素导致的污染

农产品收获或加工过程中混入有毒有害物质，导致农产品受到污染。

5. 农产品质量安全保障与对策

(1)农产品质量安全生产的内部保障

①激发生产企业内在动力。农产品生产企业按照无公害农产品质量标准组织生产的积极性是保障产品质量安全的前提。

②产地环境管理。农产品产地环境质量包括空气环境、土壤环境和水环境等。无论是无公害农产品还是绿色农产品的生产，产地环境建设都是保证农产品质量安全首先要考虑的问题。

③投入物的使用管理。农业生产系统的质量管理不仅体现在生产中，还需要向前延伸紧密结合投入物的质量监控，才能为产后环节提供良好的起点。

④开展良好农业规范(Good Agriculture Practices，GAP)认证工作。

(2)农产品质量安全供给的外部保障

①制度环境建设。建立一个良好的制度环境是保障农产品质量安全的前提，农产品质量安全生产环节的内部管理和发展，必须与外部相关制度环境相适应。

②市场环境建设。要充分考虑农产品生产和经营者过于分散的现实特点：一方面通过各种专业组织形式加强生产环节的联合与协作；另一方面通过非正式组织渠道使小生产者联合起来组建小企业集群，增强交易信息透明度，减少交易费用，缓解农产品小生产和大市场的矛盾，并创建一个易于规范的农产品市场交易主体环境。

③监管体系建设。监管体系的建设纵向涉及国家、省部和地方各级机构建设，横向涉及环保、质检及工商等多部门分工和协作。

④建立食用农产品风险补偿机制。补偿制度是处理紧急疫情的有效保障，第一要通过评估部门计算出产品成本和建议补偿额度。第二要根据养殖场(厂)内部防疫管理工作制度和工作记录分析质量责任大小，确定政府和企业承担损失的比例。第三要处理好养殖户和经销户的损失补偿关系。第四要确定政府补偿经费的来源是保证补偿制度顺利实施的关键，要研究中央政府和地方政府对补偿经费的负担水平，确保补偿到位。

(3)农产品质量安全保障对策

进一步完善法律体系，增强依法监管的力度；推广标准化生产，确保农产品安全；构建长效机制，提高监管实效；强化宣传教育，提高安全意识。

二、农产品质量政策及法规

(一)《中华人民共和国农产品质量安全法》的内容(部分)

第一部分　农产品质量安全监管的基本制度

《中华人民共和国农产品质量安全法》(简称《农产品质量安全法》)从我国农业生产的实际出发，遵循农产品质量安全管理的客观规律，针对保障农产品质量安全的主要环节和关键点，确立了相关的基本制度。《农产品质量安全法》)一共有八章五十六条，确立了八项基本制度。

1. 农产品安全管理责任制度

①政府统一领导。纳入本级国民经济和社会发展规划，建立健全农产品质量安全服务体系，并安排经费。

②农业部门主管。

③其他部门分工负责。质量技术监督部门负责农产品质量安全标准的制定、检测机构计量认证和进出口检验。卫生部门负责保鲜剂、防腐剂、添加剂等材料的国家强制性标准。工商部门负责市场主体和查处部分流通领域违法行为。环保部门负责产地环境污染事故处理。商务部门负责生猪屠宰管理。

④不依法履行监督职责或者滥用职权的,依法给予行政处分。

2. 农产品质量安全标准强制实施制度

①建立质量安全标准体系。农产品质量安全标准是强制性的技术规范,依照有关法律、行政法规的规定制定和发布。

②标准制定应当充分考虑农产品质量安全风险评估结果,并听取生产者、销售者和消费者的意见。

③根据科技发展水平和需要及时修订。

④不依法履行监督职责或者滥用职权的,依法给予行政处分。

⑤无公害农产品强制生产,绿色、有机农产品鼓励生产。

3. 农产品产地管理制度

(1)禁止生产区。农业部门根据农产品品种特性和生产区域大气、土壤、水体中有毒有害物质状况等因素,认为不适宜农产品生产的,提出或调整禁止生产的区域,报本级人民政府批准后公布。具体办法由国务院农业行政主管部门和国务院环境保护行政主管部门制定。

(2)标准化示范区。采取措施,改善生产条件,推进保障农产品质量安全的标准化生产综合示范区、示范农场、养殖小区和无规定动植物疫病区的建设。

(3)禁止废水、废气、固体废物或者其他有毒有害物排放。

4. 农产品市场准入与追溯制度

(1)包装标识。农产品生产企业、农民专业合作经济组织以及从事农产品收购的单位或者个人销售的农产品，按照规定应当包装或者附加标识的，须经包装或者附加标识后方可销售。

(2)不合格农产品。含有违禁物质、残留超标、病物毒素不符合标准、辅助材料不符合强制技术规范要求和其他不符合标准的农产品不得销售。

(3)生产记录。农产品生产企业和农民专业合作经济组织应当建立农产品生产记录，国家鼓励生产者个人建立生产记录。记录应当保存两年并禁止伪造。

(4)进货检查验收。农产品销售企业对其销售的农产品，应当建立健全进货检查验收制度；经查验不符合农产品质量安全标准的，不得销售。

(5)追溯。农业部门发现有本法第三十三条所列情形之一的农产品，应当查明责任人，依法予以处理或者提出处理建议。

5. 农产品质量安全检测制度

(1)自律检测。农产品生产企业、农民专业合作经济组织和批发市场自己或委托检测机构对农产品质量安全状况进行检测，发现不符合标准的批发市场还要向农业部门报告。

(2)监督抽查。农业部门制定质量安全监测计划，对产地或市场进行监督抽查，抽查结果由省、部两级公布。监督性抽查不得收费并避免重复抽查。对抽查结果有异议可以申请复检。因检测结果错误造成损失要承担赔偿责任。

(3)检测机构资格。省以上农业部门考核合格并通过计量认证合格。

(4)快速检测方法。农业部会同有关部门认定，不得用于复检。

(5)信息发布。省以上农业部门发布有关农产品质量安全状况信息。

(6)投入品监督抽查。

6. 农产品质量安全事故报告制度

发生农产品质量安全事故时,有关单位和个人应当采取控制措施,及时向所在地乡政府和县级农业部门报告;收到报告的机关应当及时处理并报上一级政府和有关部门。发生重大农产品质量安全事故时,农业部门应当及时通报同级食品药品监督管理部门。

7. 农产品质量安全分析和评估制度

农业部设立农产品质量安全风险评估专家委员会,对可能影响农产品质量安全的潜在危害进行风险分析和评估。根据评估结果采取相应的管理措施,并将评估结果及时通报有关部门。

8. 产品质量安全责任追究制度

法律对违反本法规定及造成农产品质量安全事故的行为建立了责任追究制度,责任追究的对象包括生产者、销售者、市场机构、检测机构、行政主管部门及相关的个人,追究的形式包括罚款、没收、赔偿、责令改正、撤销资格、监督销毁、给予行政处分、追究刑事责任等形式。

第二部分 支持和限制条款

1. 四个“鼓励”与“支持”

(1)鼓励和支持生产优质农产品。

(2)国家鼓励其他农产品生产者建立农产品生产记录。

(3)国家鼓励单位和个人对农产品质量安全进行社会监督。

(4)国家支持农产品质量安全科学技术研究。

2. 两个“引导”

(1)国家引导、推广农产品标准化生产。

(2)各级政府及其部门应当加强农产品质量安全知识的宣传,提高公众的农产品质量安全意识,引导农产品生产者、销售者加强质量安全管理。

3. 八个"不得"

(1)经检测不符合农产品质量安全标准的农产品,不得销售。

(2)有下列情形之一的农产品不得销售。

①含有国家禁止使用的农药、兽药或者其他化学物质的;②农药、兽药等化学物质残留或者含有的重金属等有毒有害物质不符合农产品质量安全标准的;③含有的致病性寄生虫、微生物或者生物毒素不符合农产品质量安全标准的;④使用的保鲜剂、防腐剂、添加剂等材料不符合国家有关强制性的技术规范的;⑤其他不符合农产品质量安全标准的。

(3)监督抽查检测应当委托符合本法第三十五条规定条件的农产品质量安全检测机构进行,不得向被抽查人收取费用。

(4)抽取的样品不得超过国务院农业行政主管部门规定的数量。

(5)上级农业行政主管部门监督抽查的农产品,下级农业行政主管部门不得另行重复抽查。

(6)复检不得采用快速检测方法。

(7)农产品销售企业对其销售的农产品,应当建立健全进货检查验收制度;经查验不符合农产品质量安全标准的,不得销售。

(8)对同一违法行为不得重复处罚。

4. 六个"禁止"

(1)禁止生产、销售不符合国家规定的农产品质量安全标准的农产品。

(2)禁止在有毒有害物质超过规定标准的区域生产、捕捞、采集食用农产品和建立农产品生产基地。

(3)禁止违反法律、法规的规定向农产品产地排放或者倾倒废水、废气、固体废物或者其他有毒有害物质。

(4)禁止伪造农产品生产记录。

(5)禁止在农产品生产过程中使用国家明令禁止使用的农业投入品。

(6)禁止冒用所规定的农产品质量标志。

第三部分　责任主体职责

1. 县级以上地方人民政府职责有六项

(1)将农产品质量安全管理工作纳入本级国民经济和社会发展规划,并安排经费。

(2)统一领导、协调本行政区域内的农产品质量安全工作,建立健全服务体系。

(3)加强知识宣传,引导生产者、销售者加强质量安全管理。

(4)批准禁止生产的区域。

(5)采取措施,加强基地建设。

(6)及时处理农产品质量安全事故并报告(含乡政府)。

2. 农业行政主管部门职责有十八项

(1)负责农产品质量安全监督管理工作。

(2)设立风险评估专家委员会。

(3)认定快速检测方法。

(4)发布农产品质量安全状况信息。

(5)认定和审核检测机构资质。

(6)组织实施农产品质量安全标准。

(7)划分和调整禁止生产的区域。

(8)推进各类标准化示范区建设。

(9)制定生产技术要求和操作规程。

(10)制定并组织实施农产品质量安全监测计划，进行监督抽查和公布结果。

(11)对农业投入品监督抽查和结果公布。

(12)管理和引导农业投入品使用。

(13)农产品包装和标识管理。

(14)查封和扣押不符合标准的农产品。

(15)处理农产品质量安全事故。

(16)处罚有关违法行为。

(17)不履行职责，滥用职权，依法给予行政处分。

(18)构成犯罪的，依法追究刑事责任。

3. 县级以上地方人民政府有关部门职责有两项

(1)按照职责分工，负责农产品质量安全的有关工作。

(2)有关部门收到对违反本法的行为相关的检举、揭发和控告后，应当及时处理。

4. 农业科研教育机构和技术推广机构

要加强对农产品生产者质量安全知识和技能的培训。

5. 农产品质量安全检测机构职责有三项

(1)承担监督抽查检测任务。

(2)接受农产品批发市场委托对进场销售的农产品质量安全状况进行抽查检测。

(3)承担因其检测结果不实造成损害的赔偿责任。

6. 农产品生产者职责有五项

(1)对制定农产品质量安全标准提出意见。

(2)可以申请使用无公害农产品标志或其他优质农产品质量标志。

(3)应当合理使用化工产品,防止造成产地污染。

(4)按照法律规定,合理使用农业投入品,防止危及农产品质量安全。

(5)对监督抽查检测结果有异议的,可以申请复检。

7. 农产品生产企业和农民专业合作经济组织职责有四项

(1)建立并按规定保存农产品生产记录。

(2)自行或者委托检测机构对农产品质量安全状况进行检测。

(3)对其销售的农产品要遵守有关包装或者附加标识的规定。

(4)农民专业合作经济组织和农民行业协会应当提供生产技术服务,建立健全管理制度和控制体系,加强自律管理。

8. 农产品销售企业

对其销售的农产品,应当建立健全进货检查验收制度。

9. 销售者

对监督抽查检测结果有异议的,可以申请复检。

10. 农产品收购的单位或者个人

对其销售的农产品要遵守有关包装或者附加标识的规定。

11. 农产品批发市场

(1)设立或者委托农产品质量安全检测机构,对进场销售的农产品质量安全状况进行抽查检测;发现不符合农产品质量安全标准的,应当要求销售者立即停止销售,并向农业行政主管部门报告。

(2)有权向生产者、销售者基于其责任,生产、销售本法第三十三条所列农产品,给消费者造成损害赔偿的追偿。

12. 消费者职责有两项

(1)对农产品标准制定提出意见。

(2)生产、销售本法第三十三条所列农产品,给消费者造成损害的,消费者可以向农产品批发市场要求赔偿,也可以直接向农产品生产者、销售者要求赔偿。

13. 任何单位和个人职责有两项

(1)任何单位和个人都有权对违反本法的行为进行检举、揭发和控告。

(2)有关单位和个人应当对发生农产品质量安全事故采取控制措施,及时向所在地乡级人民政府和县级人民政府农业行政主管部门报告。

第四部分　违法行为处罚应注意的事项

1. 明确农业部门处罚的八种违法行为

(1)检测机构伪造检测结果的。

(2)检测机构出具结果不实、造成重大损害的。

(3)生产企业、专业合作经济组织未建立或未保存生产记录或伪造生产记录的。

(4)销售的农产品未按规定进行包装、标识的。

(5)使用保鲜剂、防腐剂、添加剂等材料不符合国家强制性技术规范的。

(6)生产企业、专业合作经济组织销售不符合标准的农产品的。

(7)农产品批发市场没有对农产品抽查检测,发现不符合标准,没有立即停止销售,没有报告的。

(8)冒用农产品质量标志的。

2. 分清本法的行政处罚主体

行政处罚的主体与法律实施的主体不是完全相同的。一部法律有哪几个行政处罚主体要看“法律责任”部分的具体规定。

本法行政处罚的主体主要有农业、工商、卫生和环保部门。

对销售不合格农产品的处罚农业部门和工商部门有分工：农业部门对生产企业、合作组织，工商部门对销售企业、批发市场中的销售者处罚。保鲜剂、防腐剂等处罚农业部门和卫生部门有交叉。环保部门对排放“三废”违法行为处罚。

3. 搞清行政处罚对象

本法涉及的责任主体众多，对各个责任主体的要求不一。在实施行政处罚时，要按照“法律责任”部分的具体规定，分清应承担法律责任的对象。“法律责任”部分没有明确规定的，要结合本法的其他有关法条内容进行判定。

(1)包装标识的违法对象，可以根据第二十八条规定，处罚农产品生产企业、农民专业合作组织和收购单位、个人，不能处罚批发市场、集市贸易、超市。

(2)保鲜剂、防腐剂等违法行为，应根据第二十九条规定，处罚在包装、保鲜、储藏、运输中的使用者。与卫生部门执法交叉，适用一事不再罚原则。

(3)批发市场中销售的农产品有第五十条第一款规定情形的，对批发市场不处罚，但其有报告和赔偿的义务。

(4)冒用农产品标志可以处罚冒用者，冒用者可能是批发市场的销售者，也可能是超市。

(5)生产无公害农产品是强制的，申请无公害农产品标志是自愿的，不能因无无公害农产品标志而去处罚。

4. 正确适用行政处罚种类

本法规定的行政处罚种类有5类：①责令限期改正；②责令停止销售；③撤销检测资格；④没收违法所得；⑤罚款。

某一违法行为适用哪些处罚种类要根据"法律责任"部分的具体规定正确适用，不能随意增添和自造。比如，对销售的农产品未按照规定进行包装、标识的，处罚种类有责令限期改正和罚款两种，但适用罚款的前提是逾期不改正。

（二）农产品质量安全监管

以《农产品质量安全法》为契机，进一步推进农产品质量安全监管工作。

农业行政主管部门是履行农产品质量安全监管主体，应及时向当地党委和政府汇报，争取政府的支持，以确保农产品质量安全监管工作顺利实施。

主动与有关部门协调加强合作，共同完成好《农产品质量安全法》赋予我们的监管职责。

主要任务如下：

①加强农业投入品监管：突击开展违禁投入品专项整治，净化农资市场，从源头上保障农产品安全生产，使种养环节农药滥用和农产品药物残留超标问题得到有效控制。进一步健全重要农业投入品质量监管制度，对国家明令禁止使用的农业投入品坚决不允许使用，对限用的根据限用范围合理使用。

②加强农产品生产环节监管：根据农业部《农产品产地安全管理办法》要求，进行农产品禁止生产区域的划分和调整，健全产地安全监测档案。

大力推行农业标准化生产技术，坚决杜绝使用禁用农业投入品，提倡合理使用农药、化肥等投入品，同时做好农事活动的记录，积极实施农产品质量安全间隔期制度，对处于不安全期的农产品要适当延迟上市。

加强无公害农产品生产技术标准的推广应用，突出抓好已建成的农业示范园区建设模式和成果的推广应用，加快先进农产品质量安全技术的引进和推广。

强化现有农产品品牌的监督和保护，提高市场知名度和占有率。

③加强农产品质量安全检测：制定和完善农产品质量安全监督检测体系建设规划，积极推进省、市、县三级农产品质量安全监督检测机构建设，确保各级特别是县级农产品质量安全监督检测机构检测工作必要的经费。

进一步完善农产品生产过程质量安全监督抽检制度，实施农产品质量安全例行监测工作，不断加大例行监测力度，扩大监测的范围。

在确保农产品批发市场100%纳入监测范围的基础上，以农产品生产基地、农贸市场和超市为重点，组织开展上市蔬菜、水果农药残留监督抽检。

④加强认证基地、认证产品质量监管：加强农业“三品”的包装和标识管理，严厉打击假冒、仿造、违法使用“三品”认证标志的行为。

对已认证的无公害、绿色、有机生产基地及产品，进行质量安全检查，从整地、育苗、移栽到苗期管理实行全程监管，并检查了认证基地的安全情况和生产档案。对达不要求的基地和产品取消所发证件。

⑤积极推进产地准出与市场准入机制：按照《河北省农产品市场准入办法》和农业部《农产品产地证明管理规定(暂行)》要求，会同工商等有关部门，尽快落实农产品生产记录、包装标识等制度，实现农产品质量可追溯，进一步推进农产品产地准出与市场准入制度的落实。

对外进农产品逐步实行检测合格后再批发销售。

对本市生产的农产品调出的要做到批批检测,不合格产品不得出售。

⑥加强农产品质量安全应急机制建设:建立健全农产品质量安全应急反应机制,制订应急预案及实施办法,有效处置突发事故和事件,确保一旦发生农产品质量安全事故或事件时,能迅速启动应急预案,立即采取措施,迅速救护人员,及时查清原因,控制事态的发展和蔓延。

第二节 农产品品牌建设

一、品牌概述

(一)品牌的含义

品牌(Brand)一词来源于古挪威文字"Brandr",中文意思是"烙印"。在当时,西方游牧部落在马背上打上烙印,上面写着一句话:"不许动,它是我的"并附有各部落的标记,用以区分不同部落之间的财产。诸多著述均记述了古代的人们在牛及牲畜身上打上烙印以表明主人,在未干的陶器底部按上指印以表明制陶者,在斧头、镰刀、木桶等工具身上烙上印记以表明生产者或所有者。

(二)农产品品牌

1. 农产品品牌的界定

由于农产品品牌研究在我国起步较晚,至今还没一个被学者广泛认可的适合中国国情的概念。有学者尝试按照个人的研究结论为农产品品牌下一个尽可能准确的定义。胡晓云(2007)认为:农产品品牌是指由农民等生产经营者,通过栽培作物和饲养牲畜等生产经营活动而获得的特定产品,经由一系列相关符号体系的设计和传播,形成特定的消费者群、消费联想、消费意义、个性、通路特征、价格体系、传播体系等因素综合而成的特定的整合体。白光(2006)给农业品牌下了一个定义,他认为:农业品牌是指农业生产者或经营者在其农产品或农业服务项目上使用的用以区别其他同类和类似农产品或农业服务的名称及标记。白光还指出:有人曾试图将农业品牌、品牌农业和农产品品牌加以区分,其实没有什么必要。

农产品品牌不等同于农业品牌。农业品牌是指农业领域内,主体之间用于区别本地域、本企业、本企业产品等资源与产品的所有标志、名称等标志性符号。农业品牌的外延要大于农产品品牌,农业品牌主要包括农业生产资料品牌、农业生产产品品牌、农业生产服务品牌。农业生产资料品牌和农业服务品牌虽然影响农产品品牌的建设,但不是消费者最关心的问题,而农业生产产品品牌,简称农产品品牌,是消费者最关心的问题。因此,本书将农产品品牌界定为:附着在农产品上的某些独特的能够与其竞争者相区别的标记符号系统,代表了农产品拥有者与其消费者之间的关系性契约,向消费者传达了农产品信息的集合和承诺;农产品的质量标志、品种标志、集体品牌和狭义的农产品品牌共同构成了农产品品牌的系统,使农产品品牌呈现出复杂性和多样性。

2. 农产品品牌的特征

(1)农产品品牌表现形式的多样性

广义的农产品品牌包括农产品的质量标志、农产品的品种标志、农产品集体品牌和狭义农产品品牌。农产品品牌表现形式的复杂性是由农产品的特点所决定的，农产品市场的逆选择现象严重，为了消除逆选择现象，必须由具备公信力的机构对农产品质量给予评价，然后将评价结果即质量等级和地理标志贴在农产品上，以方便消费者选择。质量标志和地理标志都是显示农产品具有某些特有的自然和人文特色功能的农产品标志；种质标志是农产品种子品种的标志，种子决定产品，离开了种质标志，人们无法辨别该产品的属性及根源；集体品牌体现农产品的区域特征，帮助消费者认识农产品的出处；狭义农产品品牌是农产品质量、功能等特征的集中体现形式。以上这些表现农产品质量、特色的符号和标志都是农产品品牌的表现形式。

(2)农产品品牌效应的外部性

农产品品牌效应的外部性表现在以下方面：第一，地域品牌产生的外部性。地理标志产品的质量或特征主要或全部源于地域环境，包括自然因素和人文因素。按照世界贸易组织的规则，原产地标识制度是一种免费制度，是由国家来提供担保的，如产品出现假冒，由政府来提供保证，而不是由企业来提供担保。因此，地理标志是公共物品，具有外部性。如“赣南脐橙”“南丰蜜桔”等农产品的地理品牌，不仅为赣南、南丰本地农产品带来较高收益，而且还为全省农产品在全国树立了好的口碑，提升了江西省农产品在全国的知名度。再如，寿光“乐义”牌绿色蔬菜不但为本企业赢得了消费者，而且为整个寿光蔬菜唱响中国都做出了贡献。第二，无公害产品、绿色食品以及有机食品等品牌称号产生的外部性。“三品”的概念构成了食用农产品安全生产的基本框架，是政府为了解决近年来日趋严重的农产品质量安全问题而推行和倡导的政府行为。由于政府及社会各界的宣传推动了绿色消费的时尚潮流,“三品”在市场上更容易获得认同,使用“三品”标志的产品能够以比较高的价格销售。“三品”生产者以比较低的市场开发费用赢得消费者。“三品”标志是一种品牌形象,而且是获得“三品”认证农产品的整体品牌。“三品”标志具有外部性,使农产品生产者一旦获得“三品”认证,就得到了免费的利益。第三,某个品牌产生的外部性。品牌具有引领时尚的倡导作用。如伊利的“大草原”品牌概念的传播,使消费者对该类产品形成了某种认知。由于农产品品牌建设起步比较晚,一些小品牌借用已经形成的品牌效应,如伊利之后,其他品牌也把自己打扮成草原牛奶,出现了“来自内蒙古草原”“大理天然牧场”“新疆天山牧场”“阿坝草原”等,伊利花费巨资打造的“草原”概念被其他品牌无偿借用。对同业企业,如果在品牌主题中都过度强调某一自然特征,那么这一自然特征会在消费者心中形成认知,这种品牌概念由于具有一般特征而不具有企业特征,而成为整个行业的共同资产。农产品品牌诉求普遍强调绿色、自然、健康的概念,一些处于领袖地位的农产品品牌由于率先推出了某种理念,品牌效应产生的外部性,使其他品牌的产品免费受益。

(3)农产品品牌的脆弱性

容易受损是农产品品牌建设的一大特点,前些年出现的“瘦肉精”“毒大米”和“三鹿奶粉”事件就是典型的例证。农产品固有的特点是农产品品牌脆弱性的内在原因:第一,农产品的质量隐蔽性导致品牌农产品质量监管难度大。第二,农产品品牌主体的复杂性导致各主体之间的质量管理协调难。农产品品牌建设主体主要是农业企业,但政府,农户和行业组织也是参与主体。第三,农产品的食用性特征导致消费者对农产品的质量高度敏感，一旦发生质量安全事故，对于农产品品牌将是致命打击。如双汇“瘦肉精”事件以后，国内整个肉制品行业受到沉重打击，产值萎缩过半，“双汇”品牌一夜之间大大贬值。第四，农产品的生物性特征也是农产品品牌易损的原因之一，农产品大都是生鲜产品，在常温下易腐烂、易变质，影响品牌形象和品牌产品质量，如新鲜上市的蔬菜、鲜猪肉、海鲜等农产品随着销售时间的延长，其质量将会越来越差。以上4点都说明农产品品牌相比工业产品品牌都显脆弱，建设难度大、风险大。

3. 农产品品牌的分类

农产品品牌按照不同的分类标准，有不同的分类结果。例如，按照品牌价值和农产品消费层次不同，农产品品牌可分为低档农产品品牌、中档农产品品牌、高档农产品品牌；按照行业的差别，农产品品牌可分为种植业农产品品牌、养殖业农产品品牌、水产业农产品品牌；按照技术含量分类农产品品牌有传统农产品品牌、科技产品品牌、高科技农产品品牌。按照知名度层次分类，农产品品牌有：初创农产品品牌、知名农产品品牌、著名农产品品牌。分类的标准有多种，分类结果也有多种。下面的分类标准和结果在后面的研究中都会涉及，在此给予较为详细的分析。

(1)按照品牌范围进行的分类

按品牌范围农产品品牌有区域农产品品牌、区域农产品名牌、全国农产品名牌、国际农产品名牌。①区域农产品品牌，是指在某一地区使用，还没有形成知名度的品牌，一般都是新注册的品牌；②区域农产品名牌，是指在某一个地区具备一定知名度的品牌，根据区域大小，区域农产品名牌又可分为县市级农产品名牌、地市级农产品名牌、省级农产品名牌等；③全国农产品名牌，是指在全国范围内有知名度的品牌，如“金健”大米，“蒙牛”牛奶等；④国际农产品名牌，是指被世界公认的、被广泛得到认知的品牌，如“雀巢”咖啡等。

(2)按照市场地位差异的分类

按市场地位差异分类农产品品牌有领导型农产品品牌、挑战型农产品品牌、跟随型农产品品牌、补缺型农产品品牌。①领导型农产品品牌，是指某行业中市场份额最大的品牌，如食用油行业中的“鲁花”；②挑战型农产品品牌，指在本产品所在的行业中处于非领导地位，且有能力又有实力向品牌领导者发起挑战的农产品品牌，如“胡姬花”“金龙鱼”等；③跟随型农产品品牌，指行业中处于跟随地位的，无法对领导型品牌构成竞争威胁的品牌；④补缺型农产品品牌，指某一行业，只占领某一不被市场主导品牌注意的细分市场的品牌。

(3)按照品牌的生命周期分类

按品牌生命周期分类的农产品品牌有，初创阶段农产品品牌、成长阶段农产品品牌、成熟阶段农产品品牌和衰退阶段农产品品牌。①初创阶段农产品品牌，是指处于农产品品牌建设初期，在市场上使用时间较短的农产品品牌；②成长阶段农产品品牌，是指已经被市场广泛认可，迅速成长的农产品品牌；③成熟阶段农产品品牌，是指品牌成长到一定时期，有足够大的市场占有率和知名度，再成长比较困难的农产品品牌；④衰退阶段农产品品牌，是指没有创新产品，且被消费者抛弃的农产品品牌。

(4)按照品牌内涵的差别分类

按品牌内涵分类可分为狭义农产品品牌和广义农产品品

牌。狭义农产品品牌,仅指农业企业为自己的产品注册的产品品牌,有时简称农产品品牌(或产品品牌)。如"正邦"牌鲜肉;"圣农"牌鸡肉系列产品等。广义农产品品牌,是指所有能够体现农产品质量、功能等属性的标志,包括农产品质量标志、种质标志、集体品牌和狭义的产品品牌等,广义农产品品牌的4种形式对消费者选择农产品和企业提高农产品竞争力具有重要意义。

(三)农产品品牌建设

1. 农产品品牌建设的含义

农产品品牌建设(Building of Agriculture Product Brands,BAPB)是指农产品品牌建设主体对品牌进行的规划、创立、培育、扩张等行为过程。由于农产品品牌既包括狭义的农业企业产品品牌,也包括质量标志、集体标志等要素,所以农产品品牌建设的主体既包括基本建设主体——农业企业,也包括参与建设主体——政府、行业协会和农户。

2. 农产品品牌建设的特征

(1)农产品品牌建设受政策和法规的影响较大。一方面,农产品质量安全是关系到全体消费者健康的大事,农产品供给又关系到国家政治稳定、社会安定和经济发展,因此各个国家对农产品的供给都非常重视。在农产品供给中既有量的供给也有质的供给,质的供给就是保障优质农产品的供给。农产品品牌是促进农产品质量提高的有效措施,是保障优质农产品供给的有效手段,也是促进农民增收,激励农民提供优质农产品的有效机制。另一方面,农产品品牌建设本身涉及的主体较多,单纯依靠农业企业控制农产品质量、建设农产品品牌也很难收到较好效果，客观上要求政府必须利用政策、法律来规范有关主体行为，以保证农产品质量水平和创建农产品品牌建设法制化、制度化。所以，农产品品牌建设与工业品牌和服务业品牌相比具有受到国家政策、法规影响大的特点。

(2)农产品品牌建设过程的复杂性。首先，农产品品牌的复杂性导致了农产品品牌建设的复杂性。农产品品牌既有质量标志，又有集体标志，还包括种质标志。这些标志的建设需要多个主体通力合作、全力以赴才能实现。政府、农户、农业行业组织(协会)和农业企业是独立的经济主体，其利益取向各不相同，协调一致相当困难。其次，部分农产品的食用性特征要求部分农产品具有较高的质量标准，也使农产品品牌建设难度高于工业产品和服务产品，再加上农产品的生物性特征使农产品质量每时每刻都在发生变化，质量保证难度也格外大。另外，农户在农产品的生产过程、销售过程中的组织性较差，农产品质量的保证也相当困难。这些因素都导致农产品品牌建设过程要比一般工业产品和服务产品复杂得多。

(3)农产品品牌建设过程的长期性。有研究表明，单位价值较高的产品，消费者关注品牌会更多，如汽车、冰箱等。但农产品大都属于日常消费品，其单位产品价值量一般不大，农产品品牌的单次品牌信息对消费者的刺激作用比较小。在人们的农产品品牌意识还不太强的今天，消费者对农产品的品牌极容易忽略。人们要常吃、常用才能积累品牌信息，形成信息刺激，使消费者记住。因此，农产品品牌建设过程具有长期性特征。

二、农产品品牌创建途径

(一)实施农产品生产标准化

质量是农产品的生命线,是农产品创品牌的根本。在创建农产品品牌过程中,按标准组织生产管理,是提高农产品质量,保证农产品安全最有效的措施和手段,是打造农产品品牌的基石。

(二)形成规模效应

在生产方面,加入农民生产协会、专业性生产合作组织,内部实行不同程度的企业化管理与经营,以特色农业为龙头,走规模化道路。

(三)重视科技创新

科技是提高农产品质量的关键措施。先进的技术确保了品牌产品在质量上与功能上的先进性,从而使品牌更易被市场接受。在国际市场上各国的农产品竞争实质上是农业科技的竞争,谁的农业科技水平领先谁的农产品就会获得领先权,就具有市场竞争力。在农产品的生产过程中,必须重视科技创新,依靠技术进步,加强新品种引进培育,提高自己的产品开发能力,以新产品、特色产品、精深加工产品保持品牌的生机和活力。应广泛运用生物工程技术、现代先进种养技术、加工技术和信息技术等,发展科技含量和附加值高的品牌农产品,提高农业综合效益。

(四)运用文化营销

文化营销就是在农产品品牌中注入文化内涵,从而使产品区别于竞争对手的产品,提高其品牌价值。文化营销模式可以根据农业产业资源特点与消费者需求趋势,依托当地产品历史悠久、源远流长的文化底蕴,在农产品品牌的设计和培育中,强化浓厚的人文、风土气息,塑造农产品品牌的个性特色,丰富品牌的文化内涵,提升品牌价值。

经典案例

打造"峨眉山牌"农产品品牌

早在2003年,何文生就来到了乐山,从事贸易生意。在此期间,他结识了乐山文化、旅游界的许多知名人士,见证了乐山城市交通和经济社会的快速发展。2008年年初,何文生在与朋友聊天中了解到,乐山虽然有许多富有特色的农副土特产品,但在旅游市场上没有一样真正"拿得出手"。当时何文生就想,能不能把这些土特产组合起来,注入地域文化元素,进行全新包装、抱团经营,作为代表乐山的旅游产品呢?很快,何文生成立公司,带着研发及营销团队,跑遍了乐山的11个区(市、县),用了20个月的时间深入实地开展调查研究,寻访最能代表地域特色的农产品,深度挖掘其文化内涵,考察市场前景,进行产品研发及包装设计等。

功夫不负苦心人。2009年12月,经过认真细致的分析筛选和研发,何文生首先推出了代表峨眉山地域特色的"峨眉山三宝"系列旅游产品。峨眉山物华天宝,佛教文化源远流长,气候温润适宜,野生植物茂盛,其中最为珍贵、最具特色、最受僧人们喜爱的首推灵芝、龙须笋和雪魔芋了。因此,何文生便将这三样产品组合起来,打造出了"峨眉山三宝"品牌,并将产品与峨眉山最具特色的佛教文化巧妙结合起来，赋予了产品深厚的文化内涵。《白蛇传》中，白娘子救许仙所盗的仙草就是峨眉山中的千年灵芝，峨眉山僧人们也常年用灵芝切片泡水当茶喝。“峨眉山三宝”中的灵芝均选用生长在峨眉山上的野生优质灵芝，每一批产品都必须先经省农科院检验后才能进行加工，利用先进技术将灵芝直接研磨成粉，保持其最充分的保健和药用价值，分袋即食的包装方式也迎合了人们在快节奏生活中对产品便捷性的需求。灵芝茶推出后，销量非常好，主要销往河南、广东、深圳、上海等地区，深受消费者欢迎。首战告捷的何文生再接再厉，又先后推出了“乐山五绝”“郭家山货”“郭家珍茗”“彝寨三宝”以及“特色工艺保健杯”等系列特色地域品牌产品。目前，公司正式面市的产品已经达到 11 种，另外还有 6 种山货系列、民族地区特色农产品正在研发过程中，不久即将问世，让更多的游客通过产品认识、了解、喜爱乐山。

（资料来源：http://www.leshan.cn/GB/29/67818.html）

（五）建立绿色品牌形象

随着消费者对绿色产品认识的提高以及健康消费观念的增强，绿色品牌农产品以鲜明的形象和安全的品质越来越受到国内外市场的欢迎。通过创建和宣传绿色品牌，更快捷地向消费者传递绿色产品的质量和特色信息，使消费者感到物有所值，降低其对绿色农产品价格的敏感度，进而接受绿色产品并积极、重复地购买，增强优质绿色产品的市场竞争力。

（六）注重品牌整合传播

创建农产品品牌，还要增加对品牌产品的宣传投入，塑造品牌形象，打响知名品牌。要善于利用媒体广告以及博览会、招商会、网络营销、专题报道、展销会和公共关系等多种促销手段，进行品牌的整合宣传，提高公众对品牌形象的认知度和美誉度，做大做强农业品牌。要重视现代物流新业态，广泛运用现代配送体系、电子商务等方式，开展网上展示和网上洽谈，增强信息沟通，搞好产需对接，以品牌的有效运作不断提升品牌价值，扩大知名度。

模块七　农产品市场营销

第一节　农产品生产与市场营销

优质安全的农产品只有成为商品并且销售出去，农民才能真正得到收益。因此，要做好农产品商品化生产、了解农产品营销组织、熟悉农产品消费新特点、进而拓展农产品营销，让农民既增产又增收。

一、农产品生产特点

（一）农产品生产的季节性

由于作物生长发育受热量、水分、光照等自然因素影响，这些自然因素随季节而有变化，并有一定的周期，所以农业生产的一切活动都与季节有关。从播种到收获需要按季节顺序安排，季节性和周期性都很明显。

这个特点告诉我们，要根据季节不同，合理安排农业生产，利用科技手段生产高效、高产、优质的农产品，实现规模化、集约化经营，变温饱农业为致富农业。

（二）农产品生产的区域性

农业生产的对象是动植物。动植物生长发育需要空气、水分、阳光和各种养料，不同生物生长发育规律不同，各自要求适应不同的自然环境。世界各地的自然条件、经济技术条件和国家政策差别很大，因而形成农业生产极为明显的地域性。

农业生产的区域性，为农民朋友提供了农产品进行商品流通的可能性。比如，利用区域间的产品生产的时间差和地区差异，把本地区的特色农产品销售给没有该农产品的其他区域市场，实现农产品的相互流通，互通有无，赚取差价，获得收入。这就要求农民朋友充分了解市场信息，根据市场需求，及时组织生产和销售。

二、农产品营销特点

农产品市场营销是农产品生产者与经营者个人和组织在变化的市场环境中，为满足消费者对农品的需要，实现产品生产、经营企业目标的商务活动。它包括农产品市场调研、目标市场选择、产品开发和定价、渠道选择、产品促销、储存、运输和销售及提供服务等一系列与市场有关的企业业务经营活动。其特点主要有以下几个方面。

（一）营销产品的生物与自然性

农产品大多是生物性自然产品，如蔬菜、水果、鲜肉、牛奶、花卉等，具有鲜活性、易腐性（不易储存），并容易失去其鲜活性。农产品一旦失去其鲜活性，其价值就大打折扣，而且某些农产品的体积较大，单位重量的价值低，如冬瓜等。

（二）农产品供给的季节性强，短期供给缺乏弹性

农产品的供给在时间上具有季节性而且生产周期长。如在我国，水稻一年一般收获一到两次，在南方积温高的地区最多也

只能收获3次；棉花采摘时间集中在9月份之内；西瓜、葡萄等水果一般集中在7～9月份上市。虽然现代科学技术缩短了农产品的生长周期，改变了农产品的上市时间，出现了一些反季节的蔬菜、水果，但总的来说农产品供给的季节性还是存在的。

（三）农产品需求的大量性、连续性、多样性和弹性较小

（1）对农产品的需求是人类吃、穿等基本的生活需求，具有普遍性和大量性，而且人们每天都必须消费以农产品为原料的食品、服装用品，所以对农产品的需求是连续的。

（2）由于人们的偏好不同，对农产品的需求是多样的，同时许多农产品的效用彼此可以替代。例如，牛肉和羊肉都可以满足人们对于动物蛋白的需求；用棉花、羊毛织成的面料都可以制成衣服供人御寒等。

（3）由于人们每日需要的蛋和热量是基本不变的，因而农产品尤其是食品的需求弹性较小。人们不会因为农产品价格变化，某一期间对农产品的基本需求量发生大的改变。

（四）大宗主要农产品品种营销的相对稳定性

农产品生产多是有生命的动物和植物的生产，其品种的改变和更新需要漫长的时间，因而农产品经营在品种上具有相对的稳定性。当然并不排除在现代技术进步条件下某些新产品的迅速产生，但在一定时间里，人们消费的农产品品种相对稳定。

（五）政府宏观政策调控的特殊性

农业是国民经济的基础，农产品是有关国计民生的重要产品，更由于农业生产的分散性和农户抵御市场风险能力的有限性，所以政府采取特殊政策来扶持或调节农业生产和经营。

第二节　农产品产销方式

一、农民专业合作社

《农民专业合作社法》明确规定，农民专业合作社是在农村家庭承包经营基础上，同类农产品的生产经营者或者同类农业生产经营服务的提供者、利用者，自愿联合、民主管理的互助性组织。

农民专业合作社以其成员为主要服务对象，提供农业生产资料的购买，农产品的销售、加工、运输、储藏以及与农业生产经营有关的技术、信息等服务。农民朋友可以通过加入合作社，解决难买难卖问题，降低农业生产成本，提高农产品的市场竞争力，增加收入。

二、农产品行业协会

农产品行业协会属于农业中介组织的范畴，是生产、加工、销售农产品的市场主体，为了维护和增加共同利益而在自愿基础上组建的不以营利为目的的组织。它是联系农民、农业企业、市场和政府的桥梁和纽带，具有民间性、服务性、准企业性和准政府性的特征。其主要职能：农产品行业协会一方面代表本行业与政府和立法机构处好关系，疏通会员与政府之间、会员与金融机构之间的渠道。另一方面，为会员提供业务指导、技术培训、市场咨询、经验交流、促进销售等多功能服务，尽心尽力地帮助会员单位解决在经营管理中的难题，提高会员农产品的销售业绩。

三、农产品经纪人

农产品经纪人，是指专门从事农产品交易而收取佣金的组织或中间商人。其主要业务活动是为买方寻求卖方，为卖方寻求买方，促使供求双方完成交易的中介服务。他们一般不拥有农产品所有权，但由于我国农村市场经济发展的特殊性，有时也兼有农产品的集采和营销权。他们除了通过中介服务收取佣金外，还可以通过农产品购销差价获得利益，但不得从买卖当事人的任何一方领取固定的薪金。

在农产品市场中，经纪人的经纪方式多种多样，归结起来主要有 4 种类型，见表 7-1。

表 7-1　农产品经纪人的经纪方式

经纪方式	服务范畴
(1)代购代销	经纪人受外地客户委托设点收购，然后转手批给客户，为外地客户提供信息，组织货源，协助客户与农民商谈价格，帮助维持秩序，从中收取服务费
(2)委托购销	本地农民生产的农副产品，由本地经纪人负责在目标市场设立销售点，然后与当地其他农产品经纪人联手合作，由销售点负责提供市场行情和销售渠道，当地农产品经纪人负责组织货源和运输
(3)产品运销	产地农产品经纪人在产品上市前，找到该产品的销路，然后采取订单形式或临时设点，自己垫资收购，产品集采一定数量后，装运交货或自行运销
(4)分购联销	由多个农产品经纪人在农村设立不同的收购点，然后统一组织外销的一种经纪形式

第三节　农产品流通的主要渠道

一、农产品批发市场、产地市场和农业会展经济

(1)农产品批发市场

在我国,现有的农产品批发市场主要有:

政府开办的农产品批发市场,这是指由地方政府与国家商务部共同出资,参照国外经验建立起来的农产品批发市场,如郑州小麦批发市场。自发形成的农产品批发市场,这是指由民办而形成的农产品批发市场,一般是在城乡集贸市场的基础上发展起来的,如山东寿光蔬菜批发市场。产地批发市场,这是指在农产品产地形成的批发市场,一般都具有农产品的生产技术、土质、气候、光照、水源等良好条件,适于农产品生长,生产的区位优势和比较效益明显,产出的农产品不是靠当地市场消化。销地批发市场,这是指在农产品销售地,农产品营销组织将集货再经批发环节,销往本地市场和零售商,以满足当地消费者的需求。

(2)产地市场

农产品在生产当地进行交易的买卖场所。又称农产品初级市场。农产品在产地市场聚集后,通过集散市场(批发环节)进入终点市场(城市零售环节)。我国农村集镇,大多就是农产品的产地市场。

产地市场大部分是在农村集贸市场的基础上发展而成的。在农村集贸市场上,商品从四周流入市场,同时又从市场流向四周地区,但交易规模小,市场辐射面小,产品销售区域也小。随

着经济的发展，人们的收入水平不断提高，特别是随着城市居民收入的不断增加，市场需求迅速上升。广大农民的生产积极性持续高涨，农产品产量急剧增大。在此情况下，一方面是城市对农产品需求量增大，要求提高农产品的品质；另一方面，大量的农产品急需寻找销路，解决农产品买难卖难、流通不畅的社会问题。为此，政府出面开办农产品产地批发市场。一般来说，农产品产地市场都附有农产品整理、分级、加工机构，将初级农产品进一步商品化以后输出。

(3)农业会展

农业会展是以农业和农产品贸易为主要内容，以会议、展览、展销、节庆活动等为主要形式，以一定的场馆设施和展示基地为基础，有各类市场经营主体和消费群体参加的经济文化活动。与一般会展活动相比，农业会展不仅具备引领现代农业、带动相关产业、拉动区域和会展城市经济社会全面发展的功能，还由于办展地域的广泛性和产品直接面向大众消费的特点，对拉动县域及农村经济的发展和满足城市消费者需求发挥着重要作用。农民朋友可利用这些渠道，根据自身需要，积极参加农业会展，为农产品找到更好的出路。

二、农超对接

农超对接模式中最基本的模式就是“超市＋农民专业合作社”模式。专业合作社和超市是“农超对接”的主体，专业合作社同当地的农民合作，来帮助超市采购产品。专业合作社是实施农超对接的一个基本条件，正是由于专业合作社和大型超市的发展才使得“农民直采”的采购模式得以发展。除此之外，农超对接还有以下几种模式：

“超市+基地/自有农场”模式这种模式是指导超市直接走到地头去寻找农产品，建立自己的基地，相比较“超市+农民专业合作社”模式的主要优点是超市有了自己的基地，货源的数量和质量都得到了保证。即大型的连锁超市直接和农产品的专业合作社对接，建立农产品直接采购基地，实现大型连锁超市与鲜活农产品产地的农民或专业合作社产销对接。

“超市+龙头企业+小型合作社+大型消费单位/社区”模式这种模式的一个重要中介是龙头企业，农民合作社一方面组织农户进行规模化、标准化生产，另一方面又积极联络一些龙头企业，通过龙头企业对农产品进行加工、包装，把农产品的生产销售企业化，然后通过龙头企业和大型超市进行商量洽谈，最终把产品流转到消费者手中。

龙头企业成为超市和农户合作的一个重要纽带，这使得龙头企业和农户结成为一个利益的联合体。农民专业合作社成立的初衷就是把闲散的农户生产规模化，农民专业合作社的成立和农户有着密切的联系，农户对农民合作社比较熟悉、了解，所以在接受程度上也比较快。龙头企业通过超市拓宽了农产品的销售渠道，并且龙头企业无论是在经济实力还是管理经验上都要优于农民专业合作社，这样在农超对接的实施过程中可以更好地与超市进行合作，为农民争取更多的利益。龙头企业一般是实行企业化运行，有着自己的一套农产品的生产标准和管理经验，更容易建立自己的品牌。一些大型的连锁超市还可以针对这些龙头企业进行专门的培训，使得产品达到国际化标准，更具有竞争力。

“农超对接”通过与高校食堂、大型饭店、宾馆的信息共享和利益共享机制，相互了解生产与交易情况，建立合作关系。农民增收关键在营销，胜负在市场，找到了好的营销方式和消费市场才能获得高效益，在有资金基础和政策支持下发展扩大农民专业合作社组织规模，农户应提高认识，加入到农民合作社中来，为小型合作社增添新的力量，使其规模发展，为将来与更大的销售终端合作建立稳定的基础。

经典案例

“农超对接”是怎样“炼”成的

作为与北京超市进行农超对接的主要地区，河北省张家口市的50多家蔬菜专业合作社与北京物美、华联、家乐福、超市发、京客隆和沃尔玛等30家超市成功实现合作，2011年的直采量达21.66万吨，较2010年增长了35倍，占蔬菜供京总量的近10%。

早在蔬菜进京前几个月，这些蔬菜的种子就在“对接”超市工作人员的计划下，播种到了土地里。目前，京客隆超市与几家合作社签订了产销合同。早在蔬菜播种之前，公司就派了专人到合作社所在的村子驻扎，3个月一轮班。

“这些工作人员主要负责跟踪蔬菜选种、下种、定期抽检和采收等环节。”李先生表示，与产地直接合作不但可以降低20%～25%的采购价，更重要的是这样能够做到源头可追溯，保证蔬菜品质。而且，此举可以保持蔬菜供应量和其价格稳定。

与我国蔬菜供应长期以来由生产决定消费的模式相反，农超对接模式实行的是消费需求决定生产。超市与合作社签订合同，合同中就规定了合作社所种植蔬菜的品种。

张家口尚义县甲天蔬菜农民专业合作社的理事长杨军说：2010 年，该合作社与北京物美和超市发签订了 3 年合同。这些超市会提前告知今年应该种植哪些蔬菜品类。同时，这些超市会在每日中午下发订单，通知第二天其将采摘的蔬菜品种和数量。

尽管超市对农超对接蔬菜的要求普遍较高，但在科学种植的保障下，各大蔬菜基地生产出每株重量基本相当的合格蔬菜并不困难。

一方面，北京市政府和张家口市政府各自投资二分之一，为部分菜地建设了“膜下滴灌”设施。“膜下滴灌”是指通过遍布田间的管网，将水肥准确送到每株植物的根部。如此一来，不但节约了水肥等资源，还提高了蔬菜的合格率。另一方面，农民培训班则把科学种植技术带给了每一位农民，从而保证了蔬菜的良好品质。

由于农超对接的蔬菜品质高，被超市拒收的情况大为减少，保护了农户的利益。因此，与将蔬菜卖给菜贩子和批发市场相比，农超对接时，超市给合作社和农民开出的收购价要高出 10%左右。对超市方面而言，这笔开支也比在市内批发市场采购蔬菜便宜不少。

第四节　农产品营销策略

在农产品营销过程中可采取的策略很多，归纳起来大约有以下 10 个方面。

一、特色化营销策略

当前，在农产品市场呈现供过于求的情况下，“难卖”症结的主要原因就是产业结构的趋同化和产品的大众化。因此，有效的农产品营销策略之一（见图 7-1），就是要通过合作组织的作用，引导农户走以特取胜、以特增收之路。随着人们生活水平的提高和消费观念的更新，不少消费者的口味正向大自然回归，热衷于吃粗粮、吃草食畜禽、吃野生蔬菜等。那些天然、野生、土特农产品需求量正在与日俱增，谁把握住了这个商机，谁就赢得了效益。通州区在这方面至少有两个成功的实例：一个是金沙镇双龙菱角专业合作社，看准菱角这一特色产品在市场上的消费潜力，改河塘深水栽培的传统模式，依托老板投资，大胆引进浅水设施栽培新技术，建成了全国最大的菱角设施栽培基地，使过去中秋节才能上市的菱角提前了一个多月，其产量、产值、效益成倍增长；另一个是东社香台特种蔬菜专业合作社，把一个名不见经传的野生香芋，做成了特色产业，亩收益由大宗作物 1000～2000 元，猛增到6000～8000 元，受到南通市领导的肯定和支持。

图 7-1　体验营销策略

二、优质化营销策略

随着城乡居民生活质量的提高，人们在安全、营养、绿色、保健等方面的消费意识显著增强，热切期盼能吃上放心的粮、油、鱼、肉、菜、果等农产品。然而，在千家万户的小生产方式中，高毒、高残留农药的使用还屡禁不止，有害有毒物质还很难监控。为解决这些难题，不少专业合作社发挥了积极作用。如金沙水芹菜专业合作社，在生产过程中严格按“八不准”要求进行标准化生产，并申领了无公害农产品产地认定证书和无公害农产品证书，确保了产品质量，近年来水芹菜以其嫩、绿、脆、香和无公害著称，深受消费者青睐，产品远销上海、北京和韩国等地，带动950名成员人均年增收21000元；再如骑岸季庄青椒生产专业合作社，通过“五统一”等措施，生产出优质青椒，成为了上海市场上的香饽饽。

三、品牌化营销策略

品牌化是在优质化基础上的更高层次，品牌是一种无形资产，也是农产品走向大中型超市的通行证。现实生活中，当商品匮乏的时候，消费者没有选择的余地，主要愿望是有货可供；但当商品供应充裕之后，选择的余地大了，消费者就要选择好的品牌，好中选优是人之常情。当今的市场竞争已经进入品牌之争的时代，以农产品营销为主要功能之一的专业合作社要做大做强，必须要有自己的品牌，这样才能占领市场，久盛不衰。南通市东社镇景瑞蔬菜专业合作社，以无公害、绿色、有机的要求进行生产管理，创出了“景瑞”品牌，其蔬菜产品畅销沃尔玛、大润发、易初莲花、欧尚等上海各大超市；二甲海忠葡萄专业合作社，引进国内外最新品种30多个，通过地膜、钢架大棚、滴灌等设施栽培技术，培育出了早熟、高产、优质葡萄，注册了“奇园”牌商标，阳光玫瑰、巨玫瑰、醉金香、美人指、夏黑等品种多次被省(部)级评为金奖，其产品大部分被宾馆、饭店、商场、机关等单位团购预订一空。

四、订单化营销策略

在农产品市场处于买方市场的今天，发展订单农业尤为重要。农民专业合作组织，在与农产品加工企业、农贸市场、大中型超市等销售主体签订产销合同，建立长期合作关系的基础上，指导农民按规定品种种植、按标准生产产品、按时间数量交货，从而保证了农产品有一个稳定的生产和销售的渠道和空间。如南通青园蔬菜专业合作社，充分发挥了在商家和农民之间的桥梁和纽带作用，根据商家的需求组织农民生产，农民手里有了订单，就等于吃了定心丸，不愁生产的产品没人要。许多胆大的农民，不但在自己责任田种植效益高出常规作物好几倍的蔬菜，而且还通过流转土地租用缺少劳力和技术的农户土地种植蔬菜。再如十总镇柏树墩荷兰豆营销专业合作社，与江苏嘉安食品有限公司订立了长期产销合同，带动 1311 户成员种植荷兰豆1298 亩，仅此一项就为农民增收近 400 万元，实现了龙头企业、专业合作社、农民三赢。

五、加工化营销策略

一般的农产品通过加工，不但其价值大大攀升，而且会销得更快更好，这方面的实例较多。四安镇的万和家禽养殖专业合作社，与农业龙头企业合作，将 628 户社员年饲养的 200 多万羽家禽，通过统一屠宰、分割、储藏、包装，部分还深加工成熟食进行销售，不但打开了销路，而且满足了市场上不同消费群体的需求；二甲镇增福花生剥壳专业合作社，带动 518 户农户进行花生剥壳加工，有自动剥壳机 866 台，年加工花生米 30000 吨，产值超过2亿，产品直销苏、浙、皖、沪、鲁等大中城市；骑岸镇爱民草绳加工专业合作社，变废为宝，改变了过去“遍地稻草无处去，付之一炬土也焦”的现象，把大量的、廉价的、多数农民视为累赘的稻草，加工成草绳后主销上海、浙江、福建等地，不仅减少了过去因燃烧稻草造成的污染，而且直接为种植水稻的农户每亩增收30元左右(一亩田稻草加工成草绳后可获益700余元)。

六、外向化营销策略

随着我国农村经济发展和农业产业结构调优，农产品可谓是日益丰富，有些品种在本地和国内市场逐步趋于饱和，有些品种通过外销则能获得更大效益，在这种情况下，采取外向化营销策略就显得十分必要。但是，农产品要成功外销还是有很多困难的，必须严格执行有关农产品的系列化国家标准和地方标准进行生产，必须依靠农业新品种、新技术、新工艺确保农产品质量。当然，外销农产品也不是高不可攀的事，江苏省南通市通州区就有几个农民专业合作社成功把多个农产品销到了国外。首先是刘桥镇的青园、大圣、长峰、三官殿等蔬菜专业合作社，与江苏嘉安食品有限公司联手，将青花菜、青玉米、青刀豆、荷兰豆、大粒蚕豆等几十个品种通过初加工和精深加工后，不仅在国内销售，也远销到欧盟、美国、日本、加拿大等国家和地区，年产值达1000多万美元。其次是金沙镇水芹菜生产经营专业合作社，其“进鲜港”牌水芹菜远销到韩国，成了首尔市民餐桌上的特色蔬菜。

七、规模化营销策略

现实生活中往往会出现一筐梨不好卖，十筐梨就好卖，一百筐梨更好卖的现象，这就给人们一个启示：农产品规模化营销的重要。农民专业合作社要实施规模化营销策略，关键是两个方面：首先是合作社本身扩大规模。南通市通州区东社镇新街硕丰葡萄专业合作社，起初发展500亩葡萄时，不少人担心产品卖不掉，结果并不是卖不掉，而是供不应求，于是又扩大了500亩，如今发展成了千亩葡萄生产基地，一到销售旺季，前来批发、团购的车辆络绎不绝，社员足不出户就能把产品卖出去；四安镇永发和西亭镇李庄两个蔬菜专业合作社看准市场行情，分别发展800亩和1200亩设施大棚蔬菜，同样不存在销售问题。其次是发展横向联合。南通绿青阳蔬菜专业合作联社，将刘桥6个蔬菜专业合作社联合起来，大力发展出口蔬菜生产，复种面积达到两万余亩，使出口蔬菜成了该地区的主导产业，农民增收的主要来源；南通通沪菜园子专业合作联社联合了全区16个镇的17个较大蔬菜专业合作社和1家农业龙头企业，出资总额达1.1亿元，争取通过三五年的努力，真正把南通市通州的"菜园子"变成上海居民的"菜篮子"。

八、超市化营销策略

这里的超市化营销，指的是农超对接，即由农民专业合作社与商家签订意向性协议书，组织农户或基地生产适销对路产品，并通过简单整理、挑拣、包装后直接向超市、商场或便民店提供农产品的一种新型流通方式。农超对接的本质是将现代流通方式引向广阔农村，将千家万户的小生产与千变万化的大市场对接起来，构建市场经济条件下的产销一体化链条，既可稳定农产品销售渠道和价格，又可减少流通环节，降低流通成本，实现商家、合作社（农民）、消费者共赢。通州在这方面已有成功尝试，2011年7月19日，南通市苏合农产品销售合作联社通州直销店开业，区内外40多家农民专业合作社的近百种农产品直接摆上了超市柜台。“苏合”通州直销店总投资200余万元，总面积1000多平方米，以农民专业合作社产品为销售主体，主产品包括粮油、畜禽、水产、蔬菜、瓜果等，集仓储、零售、批发于一体，不仅为农民合作社产品直接进入超市搭建了新平台，也为广大市民购买价廉物美、优质安全的农产品提供了便利。

九、配送化营销策略

配送是指在经济合理的区域范围内，根据用户要求，对物品进行拣选、加工、包装、分割、组配等作业，并按时送达指定地点的物流活动，如送快餐就是一种最简单的配送。农产品和其他工业产品、生活用品等不同，它面对的消费对象是所有人群，在这个庞大的消费人群中，需要配送服务的一定有，而且随着时代的发展、社会的进步，人们生活方式的改变，这方面的消费潜力将不断增强，毋庸置疑，配送服务将成为农产品营销过程中的一种重要的手段。我们农民专业合作社实施配送化策略时可分两步走：首先是发展团体客户，如机关、学校、超市、大中型企业等；其次是发展个体客户，重点应从白领阶层中物色消费对象。

十、网络化营销策略

网络营销是在现代网络技术的基础上发展起来的一种营销新手段和新方法，是21世纪市场营销发展的方向。在工业品领域大多数生产者就是网络营销的主体，但作为农产品生产者的农民却很难成为网络营销的主体，只有作为连接农民与市场的纽带——农民专业合作社，才有可能成为农产品网络营销的主体。一般来说，农产品网络营销的功能主要有宣传功能、服务功能和交易功能，但由于农产品一般体积较大，在运输和储藏中容易损耗，对物流的要求比较高，且绝大部分的农民专业合作社的经济实力还十分有限，所以农产品网络营销目前还只能定位在宣传的层面上，即以推介产品、宣传品牌和信息发布与收集作为主攻目标。

农民专业合作社在营销农产品过程中，不管采取何种策略，宗旨只有一个，那就是要千方百计把农民尽可能多的农副产品变成商品，并以追求利益最大化为目标，这是农民增收的关键所在，也是合作社存在与发展的目的所在。

第五节 农产品营销新思维

一、新闻营销

(一)新闻营销的含义

新闻营销是企业围绕生产、经营发布具有新闻价值的事件，吸引公众的注意与兴趣，以达到提高知名度、塑造企业良好形象，并最终促进产品或服务销售的目标。作为一种营销理念和营销手段，新闻营销于2000年后逐渐进入中国，从产品概念推广到事件行销，从主题活动到行业公关，新闻营销已成为企业不可或缺的营销手段，而农资企业更需要这种营销理念和营销手段。

农化产品与技术专业性强，各个产业链之间虽然或多或少都存在一定的联系，但各个企业对自己所在行业关注多，对别的行业关注少。以污水治理技术与工艺为例，多数农化企业对此了解不多，在污水治理技术与工艺繁杂的市场环境下，企业不知道如何比较，从而选择合适的技术和工艺。在一些农化企业，因污水治理技术选择不理想，进行二次投资、改造的现象屡见不鲜。

而此时，报纸、杂志等传统媒体就显示出独特的优势。这类媒体对信息层层把关，真实度、可信度较高，其新闻报道更会引起业内人士的关注。新闻的语言简练易懂，能从行业的高度、产业链的角度，把技术与产品的专业性介绍提炼成通俗易懂、有创意、有新意的新闻语言，从而引起读者足够的兴趣。读者看到有创意的标题后，会对内容产生联想，有兴趣关注这些产品和技术将给自身带来哪些利益，继而了解产品和技术的特点和优势。

企业要采取新闻营销手段，首先要求企业负责人有新闻意识和新闻敏感度，要意识到新闻能和市场开发相联系，读者一般先通过新闻报道知道产品与技术的概念，然后才去了解产品与技术的性能。企业无论大小，都需要形成所在产业链上的"威望效应"，在提高自身实力的同时必须学会主动公关，发出自己的声音。

图 7-2　发展多种营销渠道

采用这种营销手段，围绕产品销售的宣传必不可少，这会为企业带来潜在的市场机遇。以一家草甘膦生产企业为例，如果企业生产规模很大，那么对企业规模的宣传就少不了，外商要从中国进口草甘膦，关注的是生产企业是否拥有稳定的供应量和可靠的质量，生产企业不把自己的生产规模、技术等优势或企业发展动态展示出来，就很难引起外商的关注。如果企业的生产规模很小，但在草坪、高尔夫球场等专业市场上做得好，如果这些实力为人所知，那么企业在行业内就同样占据优势地位。总之，企业只有经常发出自己的声音，即便是发表一些行业发展的观点，才能引起用户的关注，才有助于开拓市场。

（二）农家店采用新闻营销

在网络时代，农化企业经常发布产品价格信息，如果实施新闻营销战略，阶段性地把企业生产、经营等方面的新闻传播出去，就会同企业的产品价格一起形成叠加的营销导向效果。当下，在网络搜索引擎成为基本信息搜索工具后，传统媒体的新闻报道就成了最重要的搜索内容来源之一，跨区域、持久性是新闻的特征之一，即使在新闻事件发生后很长时间内，其影响力同样不小。

（三）新闻营销的注意事项

1. 建立新闻代言人制度

（1）规范新闻代言人的言行和行动准则。

（2）新闻代言人和新闻媒体建立良好的互动合作关系，在舆论引导上取得积极的正面效应。

（3）适时发布企业动态，及时、合理安排召开新闻发布会。

（4）促进新闻营销的持续规范化发展。

2. 新闻策划树立创新观念

和其他营销方式一样，创新才能吸引人，不创新，新闻就可能是“旧闻”了。新闻就要突出一个“新”字，新奇才能保持公众对企业的关注，这也是新闻策划的基本支点和出发点。对于企业而言，特别是要策划一些动感很强的新闻，策划一些让媒体和社会感到很有新意的事件。

3. 站在公正的立场上

企业在新闻策划之前，就要摆正自己的立场。要过多站在媒体的立场上，站在行业的立场上，站在公众的立场上，而不是一味从本企业的角度出发。微软的新闻宣传就是忽视了与政府和公众的有效沟通，因此遭受到美国政府与大众传媒的口诛笔伐，最终以其垄断市场为由，将其拆分。

4. 各方面策划要周密

新闻营销是否成功，在于策划是否成功。从选题、策划，到具体实施，每个细节都要精心策划，不能有半点疏忽，同时要做好应急、突发情况的处理准备。事实不真实、组织不到位，造成欺骗社会、欺骗消费者的印象，就成了新闻策划的大忌。

5. 建立反馈和跟进系统

新闻发布以后，就像一颗炸弹引爆一样，谁都不会完全预测会发生什么事，要让企业的每次营销活动都做到一种极致，就得关注一些即使是细微的变化。比如从受众的数量和特征，活动的知名度、好感度，媒体和受众的态度等方面搜集相关信息，建立反馈及效果评估机制，为本次活动的及时跟进和下次活动的更好进行打下基础。

二、关系营销

现代市场营销的发展，大致经历了消费者营销、产业市场营销、社会营销、服务营销几个阶段，而随着新经济时代的到来，关系营销得到了越来越多的关注。关系营销是为了建立、发展、保持长期的、成功的交易关系进行的所有市场营销活动。关系营销含两个基本点：一是在宏观上认识到市场营销会对范围很广的一系列领域产生影响，包括顾客市场、劳动力市场、供应市场、内部市场、相关市场及“影响者”市场（也就是政府和金融市场）；

二是在微观上认识到企业与顾客相互关系的性质在不断改变，市场营销的核心从交易转到了关系。

关系市场营销与传统的市场营销存在本质的区别。传统的市场营销理念基本上是交易市场营销的观念。关系市场营销则是比交易市场营销要宽泛和进步的概念。关系市场营销的提出是全球市场竞争激化的结果，竞争的加剧导致竞争观念的改变，逐渐认识到竞争双方不仅是对抗的，也是互利合作的。

三、绿色营销

随着世界环保意识的增强和环保运动的兴起，“绿色消费”“绿色产品”“绿色包装”等词像雨后春笋一样涌现出来。绿色消费成了21世纪生活的主题，绿色营销便是在绿色消费的驱动下产生的。所谓绿色营销，是指企业以环境保护观念作为其经营哲学思想，以绿色文化为其价值观念，以消费者的绿色消费为中心和出发点，力求满足消费者绿色消费需求的营销策略。作为实现可持续发展基本途径的绿色营销正成为21世纪的主流，实施绿色营销是企业的必然选择。

四、文化营销

新经济时代，随着科技创新、互联网的发展与普及，企业传统上具有的战略优势，如自然资源、规模经济、资金与技术优势，由于相互间的差距正在缩小而不再成为优势或不再是恒久的优势，企业在产品、价格、渠道及促销等营销操作层面上的竞争，由于信息的畅通化，市场运作规范的建立与完善，使得相互间模仿和借鉴的速度越来越快，想以此建立起长久的竞争优势越来越不可能；而企业的文化是模仿不来的，一旦建立起来，对企业来说将是一种持久的竞争力。因此，新经济时代的竞争，将是文化的竞争。企业实施文化营销的目的在于将自身的理念文化、行为文化、物质文化、制度文化与企业的品牌、思想加以整合后，通过营销活动有效传递给社会，从生理、心理、感情、思想等多方面给消费者一种综合体验，启蒙消费者，进而建立一种消费文化。

模块八　建设美好乡村 打造生态文明家园

第一节　生态文明的建设

一、生态文明的含义

生态文明就是指人与自然、人与人、人与社会和谐共生，良性循环，全面发展，持续繁荣。要实现生态文明，首要一点就是要爱护环境，节约资源。

党的十八大报告提出大力推进生态文明建设。报告中提到："建设生态文明，是关系人民福祉、关乎民族未来的长远大计。面对资源约束趋紧、环境污染严重、生态系统退化的严峻形势，必须树立尊重自然、顺应自然、保护自然的生态文明理念，把生态文明建设放在突出地位，融入经济建设、政治建设、文化建设、社会建设各方面和全过程，努力建设美丽中国，实现中华民族永续发展。"

报告指出：坚持节约资源和保护环境的基本国策，坚持节约优先、保护优先、自然恢复为主的方针，着力推进绿色发展、循环发展、低碳发展，形成节约资源和保护环境的空间格局、产业结构、生产方式、生活方式，从源头上扭转生态环境恶化趋势，为人民创造良好生产生活环境，为全球生态安全做出贡献。

十八大报告把生态文明建设提升到了前所未有的高度，并强调要将之融入到经济、政治、文化和社会四大建设的各个方面，这是对十七大报告关于生态文明表述的继承与深化。

二、生态文明与美丽中国

生态文明建设成为党的十八大报告中的一大亮点，是尊重自然、顺应自然、保护自然的生态文明理念。努力形成人人关心、人人珍惜、人人爱护生态环境的良好氛围，让我们看到建设美丽中国的希望。

近期，"生态文明""美丽中国"这些充满活力与希望的词语迅速成为人们热议的焦点。推进生态文明建设成为了党的十八大报告中的一大亮点，也是当今中国社会各界关注的重大话题。

从经济建设、政治建设、文化建设的"三位一体"，到经济建设、政治建设、文化建设和社会建设的"四位一体"，再到十八大提出社会主义现代化经济建设、政治建设、文化建设、社会建设和生态文明建设的"五位一体"的总体布局，生态文明地位的提高，顺应了时代的要求、民意的呼唤，同时也体现了党和国家对生态文明建设愈发重视，以及对生态发展规律认识的更加深刻。

生态文明建设是中国特色社会主义发展模式的基础，将生态文明建设与经济建设、政治建设、文化建设、社会建设并列，构成"五位一体"的现代化建设格局，具有重大而深远的意义。这也说明了我们对持续发展的规律以及自然资源的合理利用的认识都进入了一个新的高度，也为今后的发展指明了方向与道路。

党和国家对于生态文明的重视与关注引发我们思考：什么是生态文明？为什么党和国家要将生态文明提升到这样一个高度？

生态文明是一种新的文明形态。它与传统的农业文明、工业文明似乎存在着很大的不同。生态文明所涵盖的范围比较广泛，它提倡的是人与自然和谐相处，同时也关系到国家和民族的可持续发展。人类在创造辉煌的物质文明和精神文明的同时，也面临着难以承受的资源危机和环境危机，人们开始渴望一种新的文明形态的出现。生态文明建设就是对这种要求的积极回应，它倡导人与自然的协调发展，在改造世界的同时保护好地球。

实现美丽中国，我们的责任是：必须树立尊重自然、顺应自然、保护自然的生态文明理念，把生态文明建设放在突出地位。

坚持节约资源和保护环境的基本国策，着力推进绿色发展、循环发展、低碳发展，形成节约资源和保护环境的产业结构、生产方式、生活方式，为人民创造良好生产生活环境，为全球生态安全做出贡献。

第二节　建设农村生态文明家园

一、农村生态文明家园的建设的目标

农村生态家园就是以沼气为纽带，将畜牧业、种植业等科学合理地结合在一起，逐步做到家居温暖清洁化、庭园经济高效化和农业生产无害化。

现在的新农村建设，目标就是建设生态农村、建设农村生态家园。那么什么是农村生态家园呢？简单地说，就是以户为单位，在一个农户内，选定可行的农村能源项目，即建一座沼气池、一个节能灶，安装一台太阳能热水器，有条件的农户安装一台微

水电，有必要的建一个地头水柜，结合进行改厨、改厕、改水、改路、改房、改畜圈禽舍等工作集成配套建设，形成以农村能源为纽带，带动一个小猪场、一个小果园、一个小菜园、一个小鱼塘建设，形成农户基本生活、生产内部的良性生态循环，取得改善生态环境、增加农民收入、促进农户脱贫致富的综合效益，达到农户庭院经济高效化、农业生产无害化、家居环境清洁美化。

农村生态家园是农业可持续发展的重要内容。它根据生态学原理，以沼气为纽带，将畜牧业、种植业等科学合理地结合在一起，通过优化整体农业资源，在农业生态系统内做到能量多级利用、物质良性循环，达到高产、优质、高效、低耗的目的，是一项可持续农业技术。通俗地说，就是农户通过建沼气池，利用人畜粪便、生活污水、农业废弃物等入池发酵，产生的沼气、沼液和沼渣用于日常生活和农业生产，从而形成农户生活—沼气发酵—生态农业的良性发展链条。

农村生态家园的具体目标是家居温暖清洁化、庭园经济高效化、农业生产无害化。

家居温暖清洁化的建设内容包括沼气池、太阳能热水器、太阳灶、太阳房、节能灶或高效预制组装架空坑连灶，由此解决农民的生活用能，提高农民的生活质量，并减少林、草等生物质能的消耗。

庭园经济高效化的建设内容包括“四位一体”“猪—沼—果”和“五配套”等能源生态模式工程，由此实现农民家庭内部农牧结合，促进种植业和养殖业的发展，提高农民收入。

农业生产无害化的建设包括沼液、沼渣等高效有机肥施用等相关生态农业技术，建设无公害农产品生产基地，由此提高当地农产品质量，带动农业向优质、高产、高效发展。

二、提倡建设农村生态家园

建设农村生态家园是社会发展的基本要求，也是保障人民身体健康的有效途径。国家提出了农村生态家园建设的具体目标。

新农村建设，生态家园是一项很重要的内容。为什么要提倡农村生态家园的建设呢？这是人类社会发展的基本要求，也是保障人民身体健康的有效途径。2010 年 2 月，国家环境保护部、国家统计局、农业部联合发布了第一次全国污染源普查公报。公报显示，我国各类源废水排放总量 20.92 万亿吨，废气排放总量约 63.72 万亿立方米。主要污染物排放总量：化学需氧量 3028.96 万吨，氨氮 172.91 万吨，石油类 78.21 万吨，重金属（镉、铬、砷、汞、铅等）0.09 万吨，总磷 42.32 万吨，总氮 472.89 万吨，二氧化硫 2320 万吨，烟尘 1166.64 万吨，氨氧化物 1797.70 万吨。

那么农村的生态环保情况如何呢？公报也列出了一些具体数据。基本情况为：农业源普查对象为约 289.96 万个。其中种植业约 3.82 个，畜禽养殖业约 19.64 个，水产养殖业约 88.39 个，典型地区（指巢湖、太湖、滇池和三峡库区四个流域）农村生活源 13884 个。农业源（不包括典型地区农村生活源）中主要水污染物排放（流失）量：化学需氧 1324.09 万吨，总氨 270.46 万吨，总磷 28.47 万吨，铜 2452.09 吨，锌 4862.58 吨。

（一）种植业

主要污染物流失（排放）情况：总氨流失量 159.78 万吨（其中地表径流流失量 32.01 万吨，地下淋溶流失量 20.74 万吨，基础流失量 107.03 万吨），总磷流失量 10.87 万吨。地膜残留量

12.10万吨，地膜回收率80.3%。

（二）畜禽养殖业

主要污染物排放情况：主要水污染物排放量化学需氧量1268.26万吨，总氮102.48万吨，总磷16.04万吨，铜2397.23吨，锌4756.94吨。畜禽养殖业粪便产生量2.43亿吨，尿液产生量1.63亿吨。

（三）水产养殖业

主要污染物排放情况：化学需氧量55.83万吨，总氮8.21万吨，总磷1.56万吨，铜54.85吨，锌105.63吨。

农村生产生活中每年产生这么多的污染物，对生态环境产生巨大的影响。这些污染物对环境有多大的破坏，对人体就有多大的危害。因而，农村的生态家园建设势在必行。提倡建设农村生态家园，就是要坚持不懈地搞好生态环境保护，努力实现祖国秀美山川的宏伟目标。

国家对建设农村生态家园，分别提出了近期目标和远期目标。远期目标是，到2030年全面遏制生态环境恶化的趋势，使重要生态功能区、物种丰富区和重点资源开发区的生态环境得到有效保护，各大水系的一级支流源头区和国家重点保护湿地的生态环境得到改善；部分重要生态系统得到重建与恢复；全国50%的县（市、区）实现秀美山川、自然生态系统良性循环。到2050年，力争全国生态环境得到全面改善，实现城乡环境清洁和自然生态系统良性循环，全国大部分地区实现秀美山川的宏伟目标。

建设农村生态家园，不是一个农户、一群农民就可以办到的，这需要我国农民齐心协力，才会产生一个巨大的合力——合力使农村更生态、更和谐。

三、协调生态文明与科学发展

科学发展必须顺应生态文明，不讲生态环境的发展非常短视，造成的结果就是人与自然失调，人类面临生存危机。

人类社会的发展，离不开科学发展，而科学发展必须顺应生态文明，这是一个简单的道理，可就是这个简单的道理我们人类却摸索了几千年，并吃了大苦头。现代科学研究发现，人类文明的起落、文化的兴衰与生态环境的变迁息息相关。著名的历史学家汤因比在他的代表作《历史研究》中向世人公布了他的研究成果：世界古往今来共有 26 个文明，其中 5 个发育不全，13 个已经消亡，还有 7 个也已经明显衰弱。衰落的文明，特别是那些消亡的文明，都直接或间接地和人与自然关系的不协调以及生态文明遭遇破坏有关，比如玛雅文明、苏美尔文明和复活节岛上的文明等。而人口膨胀、盲目开垦、过度砍伐森林等生态环境的破坏是其主要原因。换句话说，人类的文明衰落，根源就是人与自然失调。教训是惨痛的，我们需要反思，反思人类历史上人与自然的关系模式。

在多年的反思后，人们逐渐认识到，建设生态文明是科学发展观的一个有机组成部分。科学发展观的第一要义是发展，核心是以人为本，基本要求是全面协调可持续。这里的协调就包含了人与自然的协调、人与人的协调以及人与自身的协调。协调人与自然的关系，就是要建设生态文明。

科学发展是硬道理，是我们的生存之道，我们谁都不愿意回到愚昧的原始状态，但是只顾眼前利益不顾后果的发展，时间证明那是一个失败的发展、不科学的发展。再说，讲生态文明，讲天人协调，也不是要求人类放弃自己已有的科学文化知识，放弃自己的生产力，回到以前，而是要按照自然的生态规律来认识自然、探究自然、保护自然、利用自然。可持续发展观念就是要求我们时刻关注眼前和未来，合理协调环境资源与社会发展的关系，绝不能以牺牲生态为代价，这样才可真正保证做到健康发展、科学发展。

要科学发展，也要生态文明。要真正落实科学发展观，我们就必须以生态文明的观念转变增长模式，以科学发展观引导新发展，这样才能可持续发展。环保建设是可持续发展的前提和基础，环保所提倡的绿色生产和绿色消费是科学发展观的核心思想。环保建设不但可以促使国家生产方式的转变，也会促使社会消费方式的转变。

模块九　美丽乡村建设

党的十八大首次提出了“美丽中国”的概念，明确了生态文明建设的终极目标。这是在新的历史时期和新的起点，提出的新目标和新要求。但是在我国，农村面积占到国土面积的98%左右，农村人口约占全国总人口的62%，要全面建成“美丽中国”的奋斗目标，没有农村的美丽，就没有全国的美丽，建设“美丽中国”就会成为一句纸上谈兵的空话。所以，创建“美丽乡村”，就是落实党的十八大精神，推进生态文明建设的需要，实现中华民族永续发展的坚强保证。开展“美丽乡村”创建活动，就是要重点推广节能减排技术，改善农村人居环境，落实生态文明建设，是实现中国梦的具体行动。所以，推进美丽乡村建设，责任重大，使命光荣。

第一节　建设“美丽乡村”的涵义

一、建设“美丽乡村”的意义

加强农村人居环境建设，实行统一规划、合理布局、有序建设，有利于节约和集约土地，实现人与自然和谐相处；加强农村人居环境建设，加快农村基础设施、生产设施和公共设施建设，建成环境良好、功能完善、特色鲜明的新型乡村，有利于缩小城乡差别，改善投资环境，促进农村经济社会事业持续发展；加强农村人居环境建设，改变农民传统建房方式，帮助农民树立科学的规划意识、建设意识和生态意识，有利于把现代文明有机融入乡土文明，促进农民身心健康和思想观念、生活方式的转变，促进农村物质文明、精神文明、政治文明和生态文明的全面发展。

二、“美丽乡村”创建的基本原则

创建美丽乡村，必须遵循下列原则。

（一）以人为本，强化主体

在创建的过程中，要始终把农民群众的利益放在首位，不断强化农民群众在创建工作中的主体地位，发挥农民群众的创造性和积极性，尊重他们的知情权、参与权、决策权和监督权，引导发展生态经济、自觉保护生态环境、加快建设生态家园。

（二）生态优先，科学发展

按照人与自然和谐发展的要求，遵循自然规律，切实保护农村生态环境，展示农村生态特色，统筹推进农村生态人居、生态环境、生态经济和生态文化建设。注重挖掘传统农耕、人居等文化丰富的生态理念，在开发中保护，在保护中建设，形成一村一景、一村一业，一村一特色，彰显美丽乡村。

（三）规划先行，因地制宜

在规划时，要按照高标准、高起点的要求编制完成美好乡村建设规划。注重与村庄布局规划、土地利用规划、产业发展规划和农村土地综合整治规划的充分衔接，强化规划的前瞻性、科学性和可操作性，并且应充分考虑全国各地的自然条件，结合自然地形，依托山水资源，统筹编制“美丽乡村”建设规划，精心设计载体，突出乡村特色，形成模式多样的“美丽乡村”建设格局。

（四）典型引路，整体推进

强化总结提升和宣传发动，向社会推介一批涵盖不同区域类型、不同经济发展水平的“美丽乡村”典型建设模式，发挥示范带动作用，以点带面，有计划、有步骤地引导、推动“美丽乡村”创建工作。同时，鼓励各地自主开展“美丽乡村”创建工作，不断丰富创建模式和内容。

第二节　美丽乡村建设的内容

一、美丽乡村建设的主体

我国乡村地域面积约占国土总面积的 80%，生活的人口约有 7 亿人。即使未来我国城镇化达到 70%以上，也还有四五亿人在农村。农村绝不能成为荒芜的农村、留守的农村、记忆中的故园。城镇化要发展，农业现代化和新农村建设也要发展，同步发展才能相得益彰。

（一）人的乡村：主体是人，满足生产、生活的需求

1. 美丽乡村——生活需要

乡村环境良好，周边没有工业和城市“三废”污染源，水体环境质量良好，土壤环境污染少，大气环境质量优良，基本实现河流清澈、土壤清洁、空气清新，具有传统的田园风光和乡村特色。

(1)改善人居环境。按照“减量化、资源化、再利用”的循环经济理念，转变农村生活方式；以户为单元，建设生活污水处理利用设施，处理后的生活污水用于农田灌溉与绿化，巩固完善农村改水、改厕、改厨、改圈等工作。改善农村家庭卫生条件;按照不同种类收集垃圾;鼓励开展生态庭院建设,发展庭院生态种植,建设小花园、小菜园、小果园、小竹园等,实现家园清洁和村容整洁,改善乡村人居环境。

(2)完善公共环境设施。以村为单元,建设完善公共环境服务设施。建设乡村物业服务站,购置垃圾运输车、秸秆粉碎机和翻堆工具等公共设备,促进生活废弃物资源化收集利用;建设垃圾中转设施,对村庄生活垃圾进行户分类、村收集、乡中转、县处理;硬化村内道路、入户路,结合农村造林,栽植花草树木,美化村庄公共环境。

(3)注意培养新型职业农民。加强对农民的教育培训,提高农民科学种养水平和经营管理理念,把教育培训办到农民田间地头,直接为生产提供服务。建立村级图书馆,开展读书活动。开展妇女、青少年农活或农产品比赛,丰富农村生活。

2. 美丽乡村——生产需要

发展生态农业、循环农业、有机农业,培育壮大绿色产业,把资源环境优势转化为经济优势,真正实现绿水青山就是“金山银山”。

(1)发展生态产业。坚持“低碳、循环、节约”生态理念,重点发展生态农业、循环农业、有机农业,推广节水、节肥、节药、秸秆还田等农业清洁生产技术,生产无公害农产品、绿色食品和有机食品,设立生态品牌,打造高附加值的生态产业;建设农作物秸秆、畜禽粪便等农业废弃物循环利用设施,促进废弃物梯级循环利用。

(2)拓宽村民就业渠道。土地承包经营权流转统一经营后,村民既可以享有土地流转红利,同时也有更多时间从事获得其他收入的工作。有土地条件的，可以鼓励开办家庭农场或农业合作社，创业并创造雇佣就业岗位。有种养经验的村民，可以通过建立农副业生产基地，发展成农副业生产专业户。愿意进企业工作的村民，通过职业技能培训，吸纳他们进厂务工就业。还可以引导一些村民从事餐饮、娱乐、卫生保健、保洁保安保绿等服务业。

(二)大自然的乡村：生态环境的综合利用

1. 建设美丽乡村是生态环境的需要

(1)客观辩证的分析农业资源承载力。资源承载力是指在我们所生存的环境中，当人类的活动在一定的范围内时，其可以通过自我调节和完善来不断满足人的需求。但当超过一定的限度时，其整个系统就会出现崩溃，这个最大限度就是资源承载力。农业资源承载力主要是指耕地、水、资本、劳动力和技术因素等，在一定时空范围内，在数量上、质量上都有一定的限制。但是资源承载力并不是一成不变的，随着技术进步，单位面积耕地的产量是不断增加的，供养的人口也在增多。畜禽养殖也已经从平面的、分散式的地面养殖，向集中的多层面的立体养殖变化。这一方面是技术的进步，但另一方面也带来大量畜禽废弃物难以消纳的环境问题，传统的农家宝贝变成了污染源。

(2)资源有价。不仅指资源的商品价值，也指资源的审美价值和精神文化价值等。资源是财富的象征，拥有资源即拥有财富，开发资源等于财富增值。具体而言，农业自然资源决定着经济增长的潜力和格局，是潜在财富。这种潜力和潜在财富的实现取决于社会经济资源是以何种方式和何种强度作用于农业自然资源。美丽乡村的一个重要指标就是自然生态优美。村庄周边植被覆盖率高，生物多样性丰富，动物、植物、微生物种类多、数量丰。自然风景优美，生态条件优越，地域特征明显，具有良好的自然生态优势。这些一草一木不仅仅可美化家园，更是绿色银行，是财富资源。

2. 建设美丽乡村是可持续发展的需要

凸现农业的生态环境保护功能，实现农业可持续发展。工业化、城市化的发展，不能以农业资源的过度占用以及植被破坏、水源被污染、土壤被侵蚀为代价。要充分考虑农业的综合作用，体现农业的多功能性。

农业多功能之间是相互依赖、相互促进和相互制约的。从经济功能看，其功能的大小，不仅影响农业总功能的大小，而且直接和间接影响社会、生态、文化和政治功能作用的发挥；从生态功能看，其功能的大小，不仅影响农业总功能的大小，而且直接和间接影响经济、社会、文化和政治功能作用的发挥。

知识拓展

可持续农业

这一概念是可持续发展概念在农业领域的延伸。1991 年联合国粮农组织在荷兰召开农业与环境国际会议，形成了可持续农业和农村发展(SARD)的《登博斯宣言》,《登博斯宣言》中提出了可持续农业的定义:“管理和保护自然资源基础，调整技术和机制变化的方向，以便确保获得并持续满足目前和今后世世代代人们的需要。因此这是一种能够保护土地、水和动植物资源、不造成环境退化；同时在技术上可行、经济上有活力、社会上能广泛接受的农业。”

(三)美丽乡村的体现

党的十八大明确提出推进绿色发展、建设美丽中国的发展理念,将建设美丽中国提升到确保中华民族永续发展的战略高度。美丽乡村作为美丽中国一个不可或缺的组成部分,是统筹城乡发展、构建城乡发展一体化新格局的重要举措,将成为中国新农村建设的重要方向。

美丽乡村建设不仅是要给我们带来幸福和谐安康的美好家园,拥有天蓝、水美、地绿、山青的环境,而且还应创造安居、乐业、增收的富裕、体面、有品质、有尊严的生活。农业部提出的美丽乡村创建活动是以促进农业生产发展、人居环境改善、生态文化传承、文明新风培育为目标的综合举措。首先,美丽乡村创建活动提出了推进生态农业建设、推广节能减排技术、保护农业资源、改善农村人居环境等具体内容,是美丽中国建设的重要内容,是在广袤的农村地区建设美丽中国的具体行动;其次,美丽乡村创建活动提出了推进农业发展方式转变、加强农业资源环境保护、提高农业资源利用等具体目标,这是发展现代农业的必然要求,是实现农业农村经济可持续发展的重要保障;第三,美丽乡村创建活动提出了推进生态人居、生态环境、生态经济和生态文化,创建宜居、宜业、宜游的新农村等建设理念。

1. 产业发展

(1)产业形态。主导产业明晰,产业集中度高,每个乡村有一到两个主导产业;当地农民(不含外出务工人员)从主导产业中获得的收入占总收入的80%以上;形成从生产、储运、加工到流通的产业链条并逐步拓展延伸;产业发展和农民收入增速在本县域处于领先水平;注重培育和推广“三品一标”,无农产品质量安全事故。

(2)生产方式。按照“增产增效并重、良种良法配套、农机农艺结合、生产生态协调”的要求,稳步推进农业技术集成化、劳动过程机械化、生产经营信息化,实现农业基础设施配套完善,标准化生产技术普及率达到90%;土地等自然资源适度规模经营稳步推进;适宜机械化操作的地区(或产业)机械化综合作业率达到90%。

(3)资源利用。资源利用集约高效,农业废弃物循环利用,土地产出率、农业水资源利用率、农药化肥利用率和农膜回收率高于本县域平均水平;秸秆综合利用率达到95%农业投入品包装回收率达到95%,人畜粪便处理利用率达到95%,病死畜禽无害化处理率达到100%。

(4)经营服务。新型农业经营主体逐步成为生产经营活动的骨干力量;新型农业社会化服务体系比较健全,农民合作社、专业服务公司、专业技术协会、农民经纪人、涉农企业等经营性服务组织作用明显;农业生产经营活动所需的政策、农资、科技、金融、市场信息等服务到位。

2. 生活舒适

(1)经济宽裕。集体经济条件良好,一村一品或一镇一业发展良好,农民收入水平在本县域内高于平均水平,改善生产、生活的愿望强烈且具备一定的投入能力。

(2)生活环境。农村公共基础设施完善、布局合理、功能配套,乡村景观设计科学,村容村貌整洁有序,河塘沟渠得到综合治理;生产生活实现分区,主要道路硬化;人畜饮水设施完善、安全达标；生活垃圾、污水处理利用设施完善，处理利用率达到95%。

(3)居住条件。住宅美观舒适，大力推广应用农村节能建筑；清洁能源普及，农村沼气、太阳能、小风电、微水电等可再生能源在适宜地区得到普遍推广应用；省柴节煤炉灶坑等生活节能产品广泛使用；环境卫生设施配套，改厨、改厕全面完成。

(4)综合服务。交通出行便利快捷，商业服务能满足日常生活需要，用水、用电、用气和通信等生活服务设施齐全，维护到位，村民满意度高。

3. 民生和谐

(1)权益维护。创新集体经济有效发展模式，增强集体经济组织实力和服务能力，保障农民土地承包经营权、宅基地使用权和集体经济收益分配权等财产性权利。

(2)安全保障。遵纪守法蔚然成风，社会治安良好有序；无刑事犯罪和群体性事件，无生产和火灾安全隐患，防灾减灾措施到位，居民安全感强。

(3)基础教育。教育设施齐全，义务教育普及，适龄儿童入学率100%，学前教育能满足需求。

(4)医疗养老。新型农村合作医疗普及，农村卫生医疗设施健全，基本卫生服务到位；养老保险全覆盖，老弱病残贫等得到妥善救济和安置，农民无后顾之忧。

4. 文化传承

(1)乡风民俗。民风朴实、文明和谐，崇尚科学、反对迷信，明理诚信、尊老爱幼，勤劳节俭、奉献社会。

(2)农耕文化。传统建筑、民族服饰、农民艺术、民间传说、农谚民谣、生产生活习俗、农业文化遗产得到有效保护和传承。

(3)文体活动。文化体育活动经常性开展,有计划、有投入、有组织、有实施,群众参与度高、幸福感强。

(4)乡村休闲。自然景观和人文景点等旅游资源得到保护性挖掘,民间传统手工艺得到发扬光大,特色饮食得到传承和发展,农家乐等乡村旅游和休闲娱乐得到健康发展。

二、美丽乡村建设的客体

(一)农业清洁生产

农业清洁生产,通过源头预防、过程控制和末端治理,严格控制外源污染,减少农业自身污染物排放,对防治农产品产地环境污染、保障农产品质量安全具有重要作用。农业清洁生产实行生产过程清洁化,大力推广应用低污染的环境友好型种植养殖技术,合理使用化肥、农药、饲料等投入品,节约生产成本。

1. 源头预防

控制城市和工业"三废"污染。监管我们居住的村庄和我们生产场所的农产品产地(农田、水域、集中养殖区)周边污染源,严禁向农产品产地排放或倾倒废气、废水、废油、固体废物,严禁把城镇垃圾、污泥直接用作肥料,严禁在农产品产地堆放、储存、处理固体废弃物,划定安全距离。在农产品产地周边已经堆放、储存、处理固体废弃物的,必须采取切实有效措施,防止造成农产品产地污染。附近有乡镇企业的,要注意综合治理设施是否完善。遵守农业生产投入品管理。遵守对化肥、农药、农膜、饵料、饲料添加剂等农业投入品的监管要求,记录购置的化肥、农药,禁止将有毒、有害废物用于肥料或造田。遵守水产苗种生产许可制度，科学投饵，合理用药。禁止使用高毒、高残留、有害农业投入品。

2. 过程清洁

推广节肥节药节水技术。开展测土配方施肥，采用精准农业技术。优化配置肥料资源，合理调整施肥结构，改进施肥方式，提高肥料利用率。开展秸秆还田、种植绿肥、增施有机肥。科学合理使用高效、低毒、低残留农药和先进施药机械，配置杀虫灯。加强与社会化病虫害防治专业服务组织的联系，开展专业化统防统治，采取绿色植保技术，进行病虫抗药性监测与治理，提高防治效果和农药利用率，减少农药用量。应用节水农业技术，不断提高水资源利用率，缓解水资源供给矛盾。加快畜牧业生产方式转变，合理布局畜禽养殖场（小区），推行农牧结合和生态养殖模式，实现畜牧业与种植业协调发展。科学配制饲料，规范饲料添加剂使用，提高饲料利用率，减少氮、磷等排放。制订畜禽养殖废弃物综合利用规划，推广雨污分流、干湿分离和设施化处理等先进适用的污染防治技术。推进水产健康养殖。建设标准化养殖池塘，改造、改善养殖环境和生产条件。建立标准化水产健康养殖示范场（区），应用生态健康水产养殖方式。采用安全高效人工配合饲料、工厂化循环水产养殖、水质调控技术和环保装备，减少污染排放。

3. 末端治理

实施农田氮磷拦截。在现有农田排灌渠道基础上，通过生物措施和工程措施相结合，改造修建生态拦截沟，吸附降解农田退水中的营养元素，改善净化水质，促其循环再利用，减少农田氮磷流失。推进农村废弃物资源化利用，以村为单位，因地制宜建设秸秆、粪便、生活垃圾、污水等废弃物处理利用设施，大力发展农村沼气，推进人畜粪便、生活垃圾、污水、秸秆的资源化利用。制定相关政策措施，加快农膜技术装备的推广应用，鼓励引导农民使用厚度大于0.008毫米的地膜，回收利用废旧地膜，解决农田“白色污染”。

（二）农村清洁工程

农村清洁工程由农业部2005年开始试点实行，按照“减量化、资源化、再利用”的循环经济理念，以建设资源节约型、环境友好型新农村为目标，以实施清洁田园、清洁家园、清洁水源为主线，以农村废弃物资源化利用和农业面源污染防控为重点，推广畜禽粪便、生活污水、生活垃圾、秸秆等生产、生活废弃物资源化利用技术，变废为宝，化害为利，用经济的手段、市场的机制，建立物业化管理模式。

拓展阅读

农村清洁工程五大典型建设模式

“南方稻区三池一沟”模式是生活污水厌氧净化池＋农田废弃物收集池＋有机废弃物好氧发酵池＋生态拦截沟（塘），主要应用于厌氧气池（单户或联户）普及率较高、人口居住比较集中、生活污水量大、村集体经济条件较好的自然村。

“西南山区三池”模式是生活污水厌氧净化池＋农田废弃物收集池＋农村有机废弃物发酵池，主要应用于户用沼气池普及率较高、人口居住相对分散、人均生活污水产生量较大的自然村。

“中部平原三池一站”模式是集中式生活污水厌氧净化池＋农田废弃物收集池＋农村有机废弃物集中式发酵处理池＋农村物业服务站，主要应用于集中联户式沼气池和三格式净化池普及率相对较高、有一定的技术基础、人口居住较为集中、村集体经济条件较好、具有一定规模的种养殖业、地势平坦的平原型自然村。

“东北两池一站”模式是农村有机废弃物集中式发酵处理池＋农田废弃物收集池＋农村物业服务站，主要应用于秸秆资源丰富、养殖业发达（主要以奶牛养殖为主）、人口居住相对集中的寒带、亚寒带地区的自然村。

“西北干旱区两池一窖”模式是农田废弃物收集池＋农村废弃物处理池＋集雨窖（池），主要运用于干旱少雨、水资源匮乏、经济发达地区的自然村。

（三）农田生态景观

农业中的人与大自然的关系具体表现为人、天、地、稼的关系，天人关系为中心的可持续农业，使中华文明古国长达数千年而不衰。未来随着科学技术的发展，农田生产力将有更高的上升空间，而且农田的替代基质也会不断增多，扩大新的食品来源，农田的历史任务有所改变，保护环境和提供休闲服务的功能将相对提高。因此，未来农田景观的格局将随之变化，农田斑块的基质得到进一步改良，并以增施有机肥料和农作物品种改良作为增产的主要保障，以多样化的种植方式和廊道结构生物防治病虫害，秀丽的农田风光给人陶醉，达成人与自然、人与田园的“天地合一”。当前出现的观光农业的景观，可谓是未来农田景观之早期雏形的体现。

农田景观属于经营景观中的人工经营景观，景观构图的几何化与物种的单纯化是其显著特征。随着传统农业向现代农业的演进，原有分散和形状不规则的耕作斑块向着线形和规则多边形的方向演变，斑块的大小、密度和均匀性都会发生变化，特别是精准农业的发展，要求农田进一步集约化、田面平整化、田块规则化和设施配套化与智能化。

农业生态景观是按照自然发展规律，坚持保护农田生物多样性的要求，既保护农业生产，也最大限度挖掘生态功能，实现可持续发展。农业景观内的非农作的自然、半自然植被覆盖，如农田边界、河滨植被带、生物树篱、防护林等可作为生物的栖息地、避难所及生殖和繁衍后代的场所。农业景观生物多样性不仅是农业可持续发展的基础，也是农业资源财富价值的开发利用。在保护农业景观生物多样性的时间中，可以遵循区分并优先保护农业景观生物多样性的热点区域，保护和建立自然、半自然生境，增加农田景观中非农作的自然、半自然生境面积，构建生态廊道，推行多样化种植方式，采取野生生物友好型的农作管理方式。

(四)农业文化传承

农业文明是现代文明、城市文明的根基，美丽乡村创建活动要关注乡村文化的保护与发掘，要对农业生产生活、民风民俗文化开展调查收集，重点针对二十四节气、民谣农谚、农民艺术、传统手工绝活、标志性民俗活动、有地方特色的农事礼仪、农业文化遗产等，进行深入挖掘、溯源与整理，修复农村文化延续的断层，研究传统农事民俗文化和现代农村生产活动方式融合发展模式。概言之，美丽乡村应该是“生态宜居、生产高效、生活美好、人文和谐”的典范，是让农村人乐享其中，让城市人心驰神往的所在。

三、美丽乡村如何能美

“民以食为天，食以田为本”，农产品产地土壤环境质量影响农产品安全。“从田间到餐桌”，田是源头。农田土壤污染哪里来？主要有：工业废水和生活污水排放以及污水灌溉、工业固体废弃物和城市垃圾污染、大气污染、农业自身投入品的污染。

（一）农田也需要体检

1. 农田也要做“健康体检”

土壤污染具有特殊性。水污染、大气污染，我们看得到、摸得着，仅从表象上就能引起我们的警觉。土壤污染不容易用肉眼直接发现，且发现时也无法确定何时就已经被污染，具有的隐蔽性和滞后性。水和大气是流动的，所以水污染和大气污染的污染物能够被稀释，不容易累积。土壤污染则不然，污染物是不断增加的，具有累积性和不可逆性，治理难而且周期长。水污染影响范围根据水流域而不同，大气污染影响则更为广泛。与此相比，土壤污染则在固定范围，具有地域性。

2. 农田“体检”检什么

（1）监测肥力。化验氮、磷、钾等成分。然后针对农田需求，为标准农田吃“营养套餐”，做到缺什么补什么，让土壤肥沃起来，提高标准农田粮食生产能力，如测土配方施肥等。

（2）检查环境。不仅包括农田的土壤质量，还包括灌溉水质量和空气质量。检测土壤中的与农产品食品安全最为相关的重金属、有机氯、氟化物等。根据检查结果，对土壤进行等级质量分类。较为安全的农田，可生产高等级的优质农产品和出口农产品。有风险的农田需要改造，使土质中超标的重金属和有机物控制在安全水平线以内，以保证农产品的食用安全。特别不安全的农田，不能再生产食用农产品，可供用作林地和花卉基地之用。

3. 农田“体检”谁来做

一般的来说，土壤肥力、土壤环境等需要专业机构检测。可以通过向设在基层的农业资源环境保护站、农业技术推广服务中心、环境保护站等提出申请。有的地区，如果有政府项目支持，会统一安排。但是，因为政府支持项目覆盖地域有限，农户也可以自己寻找社会机构进行针对性体检，需要花费一定费用。科研院所、社团协会以及企业等也设有检测机构的部门(要注意这些机构他们是否有国家认定的检测资格、收费标准等)。除了专业机构，我们自己也可以做一些检测。如看看田间蚯蚓有多少，有的蔬菜大棚里地表布满了蚯蚓粪，颜色为黄褐色，用手一抓感觉很疏松。这样的土壤环境一定是好环境。还可以通过简单目测来评估土壤质量水平，比如土壤是否结块等。

拓展阅读

看蚯蚓数量辨农田好坏

土壤有机质含量高，蚯蚓才能生存繁殖，而蚯蚓在土壤中，“不断地耕作着土壤”，能进一步改良土壤，促进土壤团粒结构的形成，改善土壤透气性，提高土壤肥力水平。在普通农田里，我们可以估计每平方米蚯蚓数量。有机土壤每平方米蚯蚓数量是500～1000条，无公害土壤中的蚯蚓数量是有机土壤中的一半，普通土壤中的蚯蚓数量只有有机土壤中的1/4。蚓蚓是土壤的好帮手,它帮助土壤疏松、呼吸,蚯蚓以及生物多的土壤会自建抗病、抗虫的机制,因此蚓蚓多的土壤才健康。然而长期使用农药、化肥的土壤蚯蚓很少甚至没有,因为农残将蚯蚓以及其他生物都杀死了。

(二)环境友好型技术

1. 秸秆综合利用技术

该技术该技术主要包括秸秆用于肥料、饲料、燃料、食用菌基质和工业原料等。包括秸秆青储氨化技术、秸秆养殖食用菌技术、秸秆生物反应堆技术等。秸秆综合利用对增加土壤有机含量,培肥地力,减少化肥用量有很大益处,可提高农产品品质、减少秸秆焚烧和废弃导致的污染。秸秆沼气技术,根据不同的发酵工艺确定合理的料液浓度,通过添加氮肥或人畜粪便调整原料碳氮比,使其达到35∶1。注意冬季增温保温,确保工程周年正常产气。秸秆固化技术,可制成棒状、块状、颗粒状等各种形状的燃料。对于木质素含量较低的原料,在压缩成型过程中,可掺入少量的黏结剂,使成型燃料保持一定形状。秸秆固化成型的燃料致密均匀,是秸秆自然堆积密度的十多倍到数十倍,便于储存和长距离运输,且燃烧较彻底,少有黑烟排出,适用于广大农村地区。

2. 沼气技术

在农村运用最典型的就是农村沼气,将人与畜禽粪便、农业的废弃物通过微生物发酵产生沼气,为农民的生产、生活提供能源,沼液可以代替农药,沼渣、沼肥可以代替化肥。户用沼气池所产沼气和沼肥通常能满足一个家庭60%以上的生活用能和50%以上的生产用肥;同时可以美化庭院环境,减少疾病传播,改变农村卫生面貌，改善农村生态环境，促进农业良性循环。适用于居住相对分散和有一家一户传统养殖习惯的农村地区。

3. 农作物病虫害绿色防控技术

主要包括：人工释放天敌控害技术、害虫诱杀技术、生物农药应用技术、蝗区生态控制技术、光合细菌防治蔬菜苗期土传病害技术、频振式杀虫灯应用技术等，是低毒高效降低污染的绿色防控技术。适用于各大病虫害发生区域。

4. 保护性耕作技术

包括秸秆与表土处理作业、免耕播种作业、杂草控制与防治等关键技术，适用于小麦、玉米、水稻等主要作物。土壤深松技术，利用深松机械打破多年浅旋耕而形成的坚硬厚实的犁底层，加深耕作层。可以提高天然降水的利用率和土壤肥力，促进农业节本增效和可持续发展，是实现农业生产生态良性循环的最佳技术途径之一。

5. 新能源开发利用技术

太阳能热水器是太阳能利用技术中商品化程度最高、应该用数量最多的技术。利用太阳能将冷水加热，每平方米集热面积每年提供的热能相当于130千克标准煤。用于替代热水器，每年可节约500千瓦时电量。太阳能路灯，白天太阳能电池吸收太阳能产生电量储存在蓄电池里，当夜幕降临或灯具周围光线不足时，蓄电池通过控制器向光源供电，到设定时间可自动断电，既环保又经济，应用效果比普通路灯节能环保，也更安全。但一次性投资较大。适用于农村和小城镇。太阳灶适用于常规能源短缺的农村。被动式太阳房适用于冬季需要采暖的北方地区。太阳能干燥技术，有温室型和热泵型两种，适用于干燥各种农副产品、中草药及调味料和一些工业品。小型风力发电机组，适用于电网不能到达或供电不足的农牧区、湖区、滩涂、边远哨所和公路道班等地区。

(三)美丽乡村我建设

1. 生活污水不乱排

污水是影响环境卫生的几大“元凶”之一。以往，农户厨房、卫生间的废水、臭水，往往直排河道、溪流，给环境造成很大污染。“美丽乡村”建设，要将生活污水接入外排管网或建设三格无害化处理池。对残存臭水沟、污水塘的污水，进行彻底治理和绿化；对生活污水采取沼气厌氧发酵的办法来治理。

(1)稳定塘处理技术。在我国，特别是在缺水干旱地区，稳定塘是实施污水资源化利用的有效方法，近年来成为我国农村生活污水处理着力推广的一项技术。与传统的二级生物处理技术相比，高效藻类塘具有很多独特的性质，对于土地资源相对丰富，但技术水平相对落后的农村地区来说，是一种较具推广价值的技术。

(2)厌氧沼气池处理技术。在我国农村生活污水处理的实践中，最通用、节俭、能够体现环境效益与社会效益结合的农村生活污水处理方式是厌氧沼气池。它将污水处理与其合理利用有机结合，实现了污水的资源化。污水中的大部分有机物经厌氧发酵后产生沼气，发酵后的污水被去除了大部分有机物，达到净化目的；产生的沼气可作为浴室和家庭用；厌氧发酵处理后的污水可用作浇灌用水和观赏用水。在农村有大量可以成为沼气利用的原材料：农作物秸秆和人畜粪便等。沼气池工艺简单，成本低(一户约需费用 1000 元左右)，运行费用基本为零，适合于农民家庭采用。

除此之外，还有如土壤渗滤技术，在我国北方寒冷地区利用地下土壤渗滤法处理生活污水是可行的，且出水能够作为中水回用。人工湿地处理技术，云南省澄江县抚仙湖边的马料河湿地工程于2003年10月建成运行，每天可净化污水4万多立方米，净化后的水质优于地表水三类标准。以及无动力、地埋式厌氧处理系统、雨污分离管网输送集中处理和生物投菌治理污水等技术方式等。

2. 化肥农药不乱扔

在农村广阔的田野上、路边、水塘边，到处都可以看到乱扔着的大大小小的废弃农药瓶。这不仅污染了农村的居住环境，同时也存在着严重的安全隐患，对人畜的生命安全也造成较大危害。通过调查，一个农药瓶的造价至少需0.35元，如果农药瓶、农药袋能够有价回收，可以促进农民回收积极性，让农民自觉将废弃农药瓶袋送回专设废品回收点。也可以在购买农药时，交付一定的包装费使用押金，交回后返还押金。农民自身也要提高环保意识，不能随意弃用农药包装品。农药、化肥品种繁多、性质各异，而化肥又有挥发易爆炸的特点。所以一旦将农药、化肥两者放在一个仓库内，受寒暖温度变化，就会引起化学作用，轻则肥药失效；重则引起爆炸或中毒。例如，碳酸氢铵一遇热，“氨”就会挥发，如若被潮湿空气所吸收，就会生成碱性的氢氧化铵物质，如果室内又同时存放了农药，碱性物质便会溅落到农药包装上，并悄悄渗进农药中，不易被使用者觉察到。这种渗入碱性物质的农药就会不断地分解，以致失效；硝酸铵等肥料都是氧化剂，一遇高温就会爆炸；过磷酸钙与农药同室而放，就会引起肥料中游离酸不断地挥发，使室内潮湿空气呈现出酸性状态，造成农药包装的腐蚀霉烂，增加中毒机会。因此，农药与化肥不能混放在一起，也不能和石灰、烧碱、煤油、汽油等同室存放。

3. 房前屋后要美化

房前屋后的绿化美化要靠村域居民自身素质的提高和良好文明习惯养成，才能齐心协力让我们的居住和生活环境变得更美。房前屋后的绿化美化工作，一定要动员全村域的力量一起来参加，比如可以通过“绿我家园”等主题活动、组织、群众性的绿化美化行动、在乡村之间开展竞赛、建立一个示范社区、组建老年人社区清扫队，以及政府统一规划设计绿化带（花坛）等形式，助推家园建设得更美、更舒适。

房前屋后美化也可以获得额外收益。利用好“三园”，农民宅前屋后“小菜园”的基础上，规划成“小菜园”“小果园”，甚至“小花园”，使之不仅能成为村落的天然“绿化带”，还能提高土地利用率，促进农民增收。在“三园”的建设过程中，由农户自主选择种植种类和范围。小菜园可以自用，小果园也有经济价值。小花园可以提升村域生物景观，有利于开展休闲农业、都市农业，开发村域休闲旅游。

4. 农田景观不可少

生态是生存与发展的决定性因素。用绿化改善乡村生态环境、扮美乡村家园，是改善农民生产生活条件、提升乡村文明、促进脱贫致富的需要，是实现“村容整洁”、把城市游人和资金吸引到农村、促进城乡一体化建设的有效途径，也是生态文明新农村建设和农村特色经济可持续发展的客观要求。生态好，一切都会好。乡村在建设与发展过程中，对村内外的公共活动场所、村内房屋、道路等基础设施建设都比较重视，而往往忽视绿化与环境建设。特别是在田边、村边、水边、路边、山头、文物景观四周也缺少系统的绿化，一些主要道路甚至没有绿化，乡村缺少了特有的生态环境与田园风光，缺乏以乡村人居的优雅闲适赢取旅游资源实现脱贫致富的主动意识。

另一种情况是城市边缘的一些乡村，盲目模仿市区绿化方式，违背生态发展和建设的科学规律，急功近利，追求形式主义。引进外地树种，追求名贵花木，移栽“缺头少膊”的进口大树；大面积种植草坪，有些村庄甚至脱离实际，盲目效仿城区修建村庄豪华公园。如在村内的公共空间建造假山、水池、喷泉；公共场所地面过度硬化，甚至铺花岗岩地面，村庄小道也往往是全部硬化；生态的自然水系渠道用钢筋水泥硬化，原始古朴的石板台阶变为水泥台阶。其结果是不但增加了建设投入，还破坏了乡村的生态系统与环境，破坏了乡土风貌与气息。既不能实现城市绿化的效果，也掩盖了乡村简洁、自然、质朴的特色与魅力。

搞好乡村绿化，首先要解决的是“树往哪里栽”的问题。虽说，随着农业的发展，农村很少有成片的土地专门用来造林绿化，但只要注意挖潜，仍有可以用于绿化的地方，如路边、山坡、荒废地、闲散地、垃圾堆放地等，均可以整治清理后用来搞绿化。其次是“钱从哪里来”的问题。乡村绿化资金来源于民间自筹和政府补助。要积极倡导热心公益、无私奉献，自力更生、艰苦创业的精神，实施生态强村、旅游富民工程，启动民间闲散资金，坚持谁建、谁管、谁受益的原则，把绿化和管护任务分解到户，才会有效推动乡村绿化及生态文明建设。

搞好乡村绿化，还要启动民间智慧，要坚持“去城市化”的观点，即乡村绿化要有农村特色。如在树种选择上不必都去种城市绿化热门的香樟、玉兰、雪松，可以多种乡土树种，如苦楝、桂花、国槐、银杏、榆树等。有文物古建景观的乡村，可因势利导，多种植四季常青的冬青、油松、翠竹等树木，在水塘、水泉处栽植柳树、桉树、娑罗树等树种。当然，乡村绿化最好与家庭庭园经济相结合，多栽种既有较好的景观效果，又有较高经济效益的花卉以及桃、李、油橄榄、银杏、柿子、枇杷等经济果树，这样可以取得绿化观赏和经济收双赢。乡村绿化在结构上属于杂树绿化，但是有些地方在乡村绿化过程中出现清理杂树的倾向。为了追求好看，砍了杂树栽新树往往得不偿失。还有的地方乡村绿化，为追求景观气派好看，密度过高，有的甚至超过正常密度的5倍以上，一开始景观效果很好，时间一长树木就纷纷枯萎死亡，造成不少浪费。乡村绿化应当吸取这样的教训。乡村绿化应提倡原生态景观，少搞、不搞人造硬质化景观。尤其是乡村绿化切忌种植草坪、金叶女贞等植物，这些植物经常要浇水、修剪、除虫，养护成本很高，应当选择易成活、管护成本低的绿化种类，最好就地采种，就地育苗，如七叶树、苦楝树、国槐、油松、白皮松、夹竹桃、金竹等。除了有别于城市绿化以外，乡村绿化更要因地制宜，根据地形地貌、风土民俗、文化历史、产业结构的不同，打造不同的风格特色。高山、半山、河谷不能千村一面，搞成一个模式，原有自然村庄与新建居民小区要有所不同，城郊乡村与偏远乡村也要各有特色。

5. 变废为宝循环用

拒绝污染，是当前全人类的共同话题。随着人类社会工业化和城市化进程的加快，人们在享受现代生产力形成的物质成果的同时，也越来越被资源、环境问题所困扰。按照资源经济学的理论，由于环境公害造成的绝对损失，如人类的健康障碍及死亡,人类社会必要的再生产条件不可恢复的破坏,无法复原的文化遗产、街道及景观的损伤,等等,都是无法补偿的、绝对不可逆的损失。人类生活垃圾是造成这些损失的污染源之一,一些城市垃圾得不到有效处理就转移到农村,造成二次污染。按照循环经济的理念,建设资源节约型和环境友好型社会,必须创新垃圾处理模式。目前,城市垃圾的处理方式不适合农村。一是成本高。农民居住比市民分散得多,显然,包括垃圾桶、周转站以及运输车辆的使用,都很难实现规模效益,从而加大垃圾收集和运输成本。二是不利于动植物生产的保护。农业生产的一个重要任务是防止动物、植物病虫害的传播。农村生活垃圾集中处理,必然造成乡镇之间"垃圾大搬家",这样,必然会对遏止养殖业和种植业病虫害的传播留下难以克服的隐患。三是不符合农村的特点。城里的环境,没有任何办法消纳所有的垃圾,所以只能运到郊区去处理。而农村不同。占农村生活垃圾50%以上的炉灰,经过严格分类、不含其他有害物质的,就可以不出村掩埋,填洼造地;占40%左右的厨余垃圾,可以以村或乡镇为单位堆制有机肥,就近使用。如果将这两类数量绝对大的垃圾长途运输、集中处理,显然是得不偿失的做法。作为人类社会每时每刻都在产生的生活垃圾,尤其是农村生活垃圾,如果能按照循环经济的理念,使其尽可能地变成资源、真正地循环起来,不但减少了对大量新资源的利用,而且从源头上有效地防止了垃圾对环境的破坏和对生态的污染。一举数得,事半功倍。

四、精美布局乡村

美丽乡村的布局美不是简单地植树种花,不是简单地建设气派高大的门墙。乡村布局美的表现主要有以下几个方面:首先，从整体上看，乡村居民建筑与农田、河流等乡村自然景观要融为一体，交相辉映，达到人在村中、村在景中、景在画中的意境。其次，对村民居住用地、农业生产用地、工业用地等进行合理布局，整治空心村，减少土地浪费。最后，美丽乡村布局要实现生态化，要建设节约型、循环型、环境友好型村庄。

（一）乡村各景观和谐共生

乡村景观是在乡土环境中生成、发展起来的，有着深厚的地域文化内涵，是地域自然环境、气候、经济、文化、技术和宗法礼制共同作用的产物。乡村景观由住宅地、耕地、山林、河流、道路等组成。住宅与耕地、林地之间，住宅之间，道路、水系与住宅之间如何布局都直接影响到乡村景观。现在，除了自然环境对乡村景观的影响外，人文环境对乡村景观的影响越来越大。发挥主观能动性使乡村各景观和谐共生，是美丽乡村建设必须解决的问题。

美丽乡村的外在美首先表现在乡村的各种景观能够相互融合，民居因为农田、山川、花草鸟兽而显得美丽，反过来乡村的自然环境又因村民而显得更有活力。乡村聚落布局受地理条件、经济力、社会文化、政府政策、人类行为、交通等因素的影响，所表现出来的空间布局形态也千差万别。Hill 将乡村聚落的空间分布类型分为规则型、随即型、聚集型、线型、低密度型和高密度型六种[①]。在我国古代传统村落中，不论是哪一种乡村聚落的空间分布类型，都很好地展现了人与自然环境的和谐共生，都很好地与自然融为一体。

中国传统乡村在建筑布局上讲究“阴阳风水”，追求“天人合

---

① 唐珂.美丽乡村十大创建模式.北京：中国环境出版社.2014.

一”，在空间上更为强调“物境”“情境”“意境”的交织与融合。古代传统村落的建造往往要求与山形水势相结合，利用有利的自然因素来创造更加适合于生活和生产的人居环境，使整个村落和建筑等人工景观十分谐调地融合在大自然的环境之中，互相衬托，从而创造出景观风貌丰富多样、地理特征又十分突出的自然村落景观。江南水乡的“小桥流水人家”，青砖粉墙黛瓦素雅明净，结合高低错落的马头墙、水巷、小桥与廊棚等组合出极富变化的建筑群体，再融入整个水乡大环境，形成了充满生活气息的诗情画意般的水乡民居风貌。

传统乡村聚落景观适应传统社会当时当地的整体环境，但有些已经不适应当代居住的需要。目前，乡村景观正在从传统型向现代型转变，如果它是一种自然态演变，那么在外界输入的信息和能量相对稳定的情况下，会遵循着一定的自组织演变规律，形成一种有机更新。然而，在转型过程中，有些乡村表现出一种“突变”，一种由此到彼的僵硬转型。转型中对城市景观及建筑的盲目崇拜而忘记了自我的生活、生产以及文化规律特点，只是简单接受现代化元素，搞得乡村不像乡村，城市不像城市，乡村浓厚的乡土味道、乡村的个性被丢弃。未来的美丽乡村，不能机械接受现代化元素，应该从传统村落中汲取某些营养而融入现代乡村内，形成具有传统特点的现代乡村。乡村转型不是一蹴而就的，而应遵循循序渐进、动态弹性转型发展原则，切忌不可冒进，不可崇洋媚外，实行简单的“拿来主义”。

（二）优化乡村空间布局，节约集约用地

从宏观上看，综合人口、经济、地质灾害等因素，对乡村的空间布局进行调整。“满天星”“天女散花”式的居民点格局，使村貌杂乱无序，凌乱的布局不仅浪费了大量的土地，而且增加了居民点内部基础设施的建设难度。为使村民的生活更加舒适，更加集约地利用土地，将乡村分为禁止发展村、限制发展村、重点发展村和优先发展村。地理位置偏僻、交通不便，人口较少的山区乡村，正面临萎缩，有些地区出现空壳化现象，这类乡村就应禁止发展。对于有一定的人口规模、简单的基础设施和公共服务设施、土地集约化程度不高的基层村，应严格限制其发展扩大。对于距离镇驻地或城市有一定距离，基础设施较完善，对周围村落可以提供服务功能的中心村，要重点发展。镇驻地所在的村庄或城市周围地区的乡村，是促进城乡一体化发展的前沿阵地，应优先发展。

从微观上看，政府在对乡村空间进行布局规划时，往往采用"一刀切"的农村空间布局模式，没有注意到乡村之间的差别，有时只注重了居住空间的规划却忽略了其他空间的安排，我们还应关注农村产业及乡村配套设施等空间的建设。近年来，伴随着农村经济的不断发展和对 GDP 的不断追求，各类村级工业区、旅游度假区盲目扩建且布局零散，较低的投资准入门槛刺激了农村建设用地的无序蔓延，不仅导致了农村耕地资源的大量浪费，而且造成了农村自然生态环境的破坏。合理的产业布局必须考虑环境承载力的限度，以及最基本的环保布局要求，如污染严重的工厂要分布于最小风频的上风向、河流的下游等。合理的产业布局还可以使相关的产业集聚分布，达到良性的物质循环和能量流动，有时一个产业主体的废弃物正好可以作为另一个产业主体的原材料，如江西省万年云河实业有限公司实行山下养猪、山上种茶的立体种养模式，把生猪粪便通过沼气池处理，所产生出来的沼气供应基地及周边2000多农户使用，沼液则采取喷灌方式喷到油茶地，既节约了施肥成本，利用了能源，又起到生态排污作用，一举多得。随着农民人均收入的不断增加，农村地区对公共服务与基础设施的要求也不断提高，但是，广大的农村地区在道路、供水、污水处理、文化娱乐、医疗卫生以及商品市场等设施的建设上很难满足农民日益增长的需求。有些村庄的教室、麦场等已无昔日的功能，可以改造利用这些空间来建设文化娱乐设施，既节约了土地，又丰富了村民生活。

（三）空心村的空间整治

大规模的乡村人口流出造成了村庄的凋敝和空心化。乡村空心化造成了农村空间布局的分散性、景观格局的无序性、土地利用的低效性、环境恶化，严重影响了乡村的整体形象。村庄中心的房屋经年失修，草木丛生，破败不堪；而村庄边缘却在不断扩张，蚕食耕地。即所谓“从高空遥感影像看村子，外扩中空；到实地去，远看是房，近看是草”。如果空心村不整治，空间结构不优化，美丽乡村建设就难。

乡村空心化是城乡系统间要素流动及乡村系统要素结构演变的综合反映。由于乡村地理位置、产业结构等的不同，乡村空心化程度也不同，有的乡村甚至变为空壳村。

空心化整治是一项复杂的工程，要进行空心化整治，首先要建立村庄用地管理、土地复垦、建设用地配置调控的信息管理和决策支持系统。有了理论的指导，才能更好地实践，空心化整治应以区位理论、中心地理论、点—轴系统理论等为指导，深入剖析城镇化进程中空心村演进的时空分异规律及其动力机制，利用数学模型与 GIS 等手段，对不同类型区空心村及其地理区位、资源环境、经济社会发展关系进行实证分析，遵循农业高效化、土地集约化、城乡等值化、人居环境生态化原则，从宏观、中观和微观 3 个层次对不同类型区的空心化村庄提出不同的整治措施。

是否能满足村民对居住和生产的需求，是判断村庄布局是否合理的首要依据，空心村改造首先必须考虑农村居民的愿望和利益，否则就会出现盲目调整或遭遇阻拦致调整滞后的现象。刘彦随、陈玉福等(2012)将国家战略同农民意愿有机结合，提出了城镇化引领型、中心村整合型和村内集约型等空心村综合整治模式。城市边缘地带或中心镇边缘区比较适合城镇化引领模式。对于远离市区或中心镇的乡村，空心化整治分为两种模式：一种是村落比较密集、农民就业主要以农业为主的村庄适合中心村整合模式。另一种是用地相对粗放、距离其他村庄较远，以及农村基础设施条件较差、农民整治意愿强烈的村庄适合村内集约模式。如刘彦随在山东指导了禹城的空心村整治，禹城的乡村规模偏小、空心化问题显著，通过依托市区和现有城镇，采用城镇中心化模式，通过新建中心村和中心镇带动空间产业优化，促进合理布局。

(四)生态性原则

乡村生活排污和乡村企业造成的污染与乡村布局和规划关系密切。聚落点分散的村庄，由于没有污水处理设施，污水被任意排放到作为饮用水水源的河流，且通过渗透造成地下水污染；乡村企业布局很乱，没有考虑河流、风向等因素，又无任何污染处理设备，同样造成巨大污染。合理布局会使乡村各系统发挥自己的最大功用，而且使各系统之和发挥出“1＋1＞2”的功用。如北京沈家营以“用垃圾装点村庄”为理念，用废旧瓦块和瓷片拼凑成标语，易拉罐做灯笼，废旧轮胎做路边花盆，塑料瓶盖做壁画。垃圾这一被放错地方的资源得到了二次利用，且美化了乡村。

西北的窑洞就是一种纯粹的绿色建筑，低能耗、低污染、冬暖夏凉、环境宜人。窑洞充分利用了黄土的直立性，就地取材，对环境破坏较小，其特有的纹理质感和天然色彩均能满足人们返璞归真、回归自然和与大自然融合的心理要求。但在追求现代化建筑过程中，窑洞被人们渐渐遗弃。

“5.12”地震后，台湾同胞谢英俊来到四川省阿坝州茂县北部太平乡的纯羌族山寨杨柳村，帮助村民进行新村重建。为了降低农民负担，实现生态可持续和兼顾文化特色，采取了轻钢生态房构造系统。在建造过程中，强调尽量用本地化、可回收利用或天然降解的天然材料，而少用砖、水泥等制造过程高耗能高污染并且无法回收降解的建材。然而，在建设过程中却遇到阻挠，草土墙不被人们接受，竹子屋顶做好被户主拆了，因为它们没有砖头水泥的“现代”。所以，要实现乡村布局的生态化，首先，必须改变村民的理念，不要事事向城市看齐，要有自己的格调。其次，现代化的生态技术必须适应村民的生活方式，易于被村民接受。沼气的运用就是一个很成功的例子，把厕所、牲畜棚同沼气池连接，沼气被用来烧水、做饭，沼液、沼渣用作肥料。大大节省了木材，降低了森林资源的消耗，提高了卫生质量，改善了生活环境，增加了经济效益。

模块十　利于农业发展的政策

第一节　四大补贴政策

我国出台的农业补贴政策中，最常见的是粮食直补、农资综合补贴、良种补贴、农机购置补贴。这 4 项补贴实施时间长、涉及面广、发放数量大，与农民的切身利益关系最为密切。

一、种粮农民直接补贴

（一）出台背景

为了应对粮食生产成本增加、种粮效益降低、全国粮食种植面积下滑的形势，中央出台了粮食直接补贴政策。粮食直接补贴政策将原来在流通环节通过保护价收购方式对农民提供间接补贴，改为以一定方式和标准向种粮农民提供“直接补贴”，由原来的“暗补”改为“明补”。

粮食直接补贴是指对种粮农民直接补贴，原则上按粮食种植面积把粮食补贴直接落实到种粮农户手中，实现对种粮农民利益的直接保护。

2016 年中央财政继续实行种粮农民直接补贴，安排补贴资金 140.5 亿元。

（二）实施范围

粮食主产省（自治区）必须在全省（自治区）范围内实行对种

粮农民的直接补贴(包括国有农场),其他省(自治区、直辖市)也要比照主产省(自治区)的做法实施,具体实施范围由省级人民政府根据本省实际情况自行决定。主要包括4种方式:

(1)各省根据粮食产量等一系列标准确定本省的粮食主产县,然后以主产县为单位,按照前5年由国有粮食购销企业按照保护价收购的粮食平均数为基数,核算补贴标准,将本省补贴资金在各县分解,原则上一个县执行统一标准给农民发放补贴。

(2)在省(直辖市)内按照一定的粮食种植规模进行补贴。

(3)不分主产县、产粮大户,对全省种粮农民全部进行补贴。

(4)对向国家交售粮食的农户进行补贴,凭借粮食收购凭证和合同才能领取补贴。

(三)补贴方式与标准

我国粮食直补政策对补贴方式有明确的规定,主要有3种方式:一是按"实际种植面积"进行补贴;二是按"计税面积"进行补贴;三是按"计税常产面积"进行补贴。具体采用哪种补贴方式,由各省根据本省的实际情况自行决定。除此以外,还可以按照农民交售的商品粮量进行补贴,一些非粮食主产区采用这种补贴方式,如新疆对将粮食卖给国有粮食购销企业的农户进行额外的补贴;福建的种粮农民与国有粮食部门签订订单,把粮食卖给国家后,凭借售粮合同就可以获得粮食补贴。

根据不同的补贴方式,粮食直接补贴的标准也不相同。主要可分为两类:一是以粮食单位种植面积来算,即每亩补贴多少元;二是以粮食产量或粮食出售量来算,即每千克补贴多少元。每年各省会根据本地的实际情况对补贴标准进行调整,需要查阅各地农业部门相关信息获得最新的补贴标准。以粮食单位种植面积来补的执行标准为:小麦10元/亩,玉米5元/亩,薯类5元/亩,杂粮25元/亩。

(四)发放方式

补贴资金的发放方式为“一卡通”或“一折通”发放，即粮食直接补贴资金从财政局到银行，然后直接转到农户手中。

(五)不予补贴的范围

(1)未经国家有关部门批准，在私自新开垦的农田中种植的粮食作物，不给补贴。

(2)在已经实施退耕还林项目的地块内种植的粮食作物，不给补贴。

(3)在经济作物中套种粮食作物的，不给补贴。

(4)在河滩、滩涂、渠灌内种植的粮食作物，不给补贴。

(六)粮食主产省的具体实施情况

补贴资金：粮食主产区各省粮食直补金额差别较大，排在前三位的是黑龙江、吉林、河南，三省的粮食直补金额均超过11亿元，而同属粮食主产区，内蒙古的粮食直补金额却比黑龙江少很多。

补贴品种：粮食主产区各省地区差异明显，南方省份主要补贴水稻，北方省份主要补贴小麦、玉米等，而东北三省补贴范围更加广泛，主要包括小麦、玉米、水稻、大豆等。

补贴标准：东部地区补贴标准最高、中部次之、西部最低。

补贴方式：粮食主产区大部分省按“实际种植面积”补贴。

二、农资综合补贴

(一)出台背景

为了应对农业生产资料价格上涨给农民带来的种粮成本增加的问题，2006年国家在粮食直补政策的基础上出台了农资综合补贴政策，对种粮农民在柴油、化肥、农药、农膜等农业生产资料的增支实施直接补贴，用于稳定农民种粮收益，提高广大种粮农民的生产积极性。在农资价格上涨较快的背景下，2009年，国家相关部门又提出进一步完善农资综合补贴动态调整机制，遵循“价补统筹、动态调整、只增不减”的原则及时安排和增加补贴资金，合理弥补种粮农民增加的农业生产资料成本。

2016年中央财政继续实行种粮农民农资综合补贴，种农资综合补贴资金1071亿。

小知识

农资综合补贴是指政府对种粮农民购买农业生产资料（包括化肥、柴油、农药、农膜等）实行的一种直接补贴制度。

（二）补贴对象

所有纳入农业税收政策性调整的种粮农民。

（三）补贴标准

每年中央财政统筹考虑农资涨价幅度、粮价变化水平和财政补贴力度等因素，确定补贴标准。2016年，农资综合补贴执行的补贴标准为：小麦60元/亩，玉米、薯类和杂粮均为44元/亩，补贴面积依据“上年实际种植面积”进行补贴。

（四）发放方式

农资综合补贴不仅大部分资金分配、核定办法与种粮农民直接补贴相同，而且资金管理和发放渠道也与种粮农民直接补贴相同。主要采取村级公示、档案管理、“一折通”或“一卡通”发放等方式确保补贴资金及时足额地发放到种粮农民手中。

（五）不予补贴的范围

（1）未经国家有关部门批准，在私自新开垦的农田中种植的粮食作物，不给补贴。

（2）在已经实施退耕还林项目的地块内种植的粮食作物，不给补贴。

(3)在经济作物中套种粮食作物的,不给补贴。

(4)在河滩、滩涂、渠灌内种植的粮食作物,不给补贴。

三、良种补贴

良种补贴又称良种推广补贴,是中央财政为扶持农民生产选用优良品种及配套栽培技术、降低农民用种成本、增加农民收入而提供的资金补贴。

(一)农作物良种补贴

1. 补贴范围

(1)水稻、小麦、玉米、棉花良种补贴实现31省(自治区)直辖市全覆盖。

(2)大豆在辽宁、吉林、黑龙江、内蒙古实行良种补贴。

(3)油菜在江苏、浙江、安徽、江西、湖北、湖南、重庆、四川、贵州、云南及河南信阳、陕西汉中和安康实行冬油菜良种补贴。

(4)青稞在四川、云南、西藏、甘肃和青海等省、自治区的藏区实行良种补贴。

(5)马铃薯、花生在内蒙古、甘肃、河北和山东等主产区实行良种补贴试点。

2. 补贴对象

对生产中使用农作物良种的农民(含农场职工)给予补贴。对土地承包人租赁土地给别人种植或者由别人代种使用农作物良种的,按“谁种植谁享受补贴”的原则,补贴资金直接发放给承租人或者代种人。

3. 补贴标准

不同作物的补贴标准不同,不同地域的补贴标准也存在差异。每年国家也会根据具体情况调整补贴标准。根据2016年公布的最新政策显示，小麦、玉米、大豆、油菜、青稞每亩补贴10元，其中新疆地区的小麦良种补贴15元；水稻、棉花每亩补贴15元；马铃薯一、二级种薯每亩补贴100元；花生良种繁育每亩补贴50元、大田生产每亩补贴10元。

4．发放流程

良种补贴发放流程见图10-1。

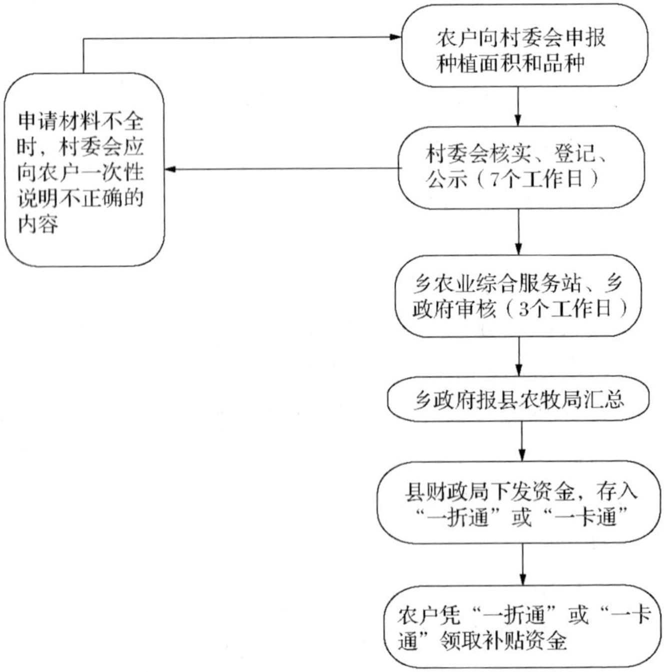

图10-1　良种补贴发放流程

（二）畜牧良种补贴

畜牧良种补贴是国家为扶持引导畜牧养殖户认识良种、使用良种，提高生产效率，增加经济收入而实施的一项支农惠农政策。补贴资金从最初的1500万元增加到2015年的12亿元，补贴畜种从奶牛逐步扩大到生猪、肉牛、绵羊、山羊、牦牛5大畜种，2017年国家继续实施畜牧良种补贴政策。

1. 奶牛良种补贴

补贴范围：我国于2005年对奶牛实施畜牧良种补贴，目前荷斯坦牛（含娟姗牛）良种补贴在全国范围实施，奶水牛良种补贴在福建、河南、湖北、湖南、广西、贵州、云南7个省（自治区）选择项目基础条件好、能繁母牛存栏在3000头以上的县（市）整县推进，乳用西门塔尔牛、褐牛、牦牛和二河牛良种补贴在内蒙古、吉林、安徽、江西、四川、青海、新疆7个省（自治区）及新疆生产建设兵团等各项目省选择能繁母牛存栏在5000头以上的县（市）整县推进。2016年，在北京、天津、河北、内蒙古、黑龙江、上海、山东、河南、新疆9个省（自治区）试点实施奶牛胚胎补贴。

补贴对象：项目区内使用良种精液开展人工授精的奶牛养殖场（小区、户）。

补贴标准：按照每头能繁母牛每年补贴30元或20元。除水牛外，荷斯坦牛（含娟姗牛）每头能繁母牛每年使用2剂冻精，每剂冻精补贴15元，其他奶牛品种每剂冻精补贴10元。奶水牛每头能繁母牛每年使用3剂冻精，每剂冻精补贴10元。

补贴品种：包括荷斯坦牛、娟姗牛、乳用西门塔尔牛、褐牛、牦牛和三河牛等品种。

2. 生猪良种补贴

补贴范围：我国于2007年对生猪实施畜牧良种补贴，在天津、河北、山西、内蒙古、辽宁、吉林、黑龙江、江苏、浙江、安徽、福建、江西、山东、河南、湖北、湖南、广东、广西、海南、重庆、四川、贵州、云南、陕西、甘肃、宁夏26个省(自治区、直辖市)及黑龙江农垦和广东农垦等各项目省选择能繁母猪在2万头以上、生猪人工授精覆盖率在50%以上的县(市、区)实施。2016年国家继续实施畜牧良种补贴政策。

补贴对象:项目区内使用良种精液开展人工授精的母猪养殖场(小区、户)。

补贴标准:按照每头能繁母猪每年使用4份精液,每份精液补贴10元。

补贴品种:包括杜洛克猪、长白猪、大约克夏猪等国家批准的引进品种,以及培育品种(配套系)和地方品种。

3. 肉牛良种补贴

补贴范围:我国于2009年对肉牛实施畜牧良种补贴,目前在河北、山西、内蒙古、辽宁、吉林、黑龙江、江苏、安徽、江西、山东、河南、湖北、湖南、广西、重庆、四川、贵州、云南、山西、甘肃、宁夏、新疆22个省、自治区、直辖市及新疆生产建设兵团等各项目省选择存栏能繁母牛5000头以上的县(市)实施。2016年国家继续实施肉牛良种补贴政策。

补贴对象　项目区内使用良种精液开展人工授精的肉牛养殖场(小区、户)。

补贴标准:按照每头能繁母牛每年使用2份精液,每份精液补贴5元。

补贴品种:国家批准引进和自主培育的肉牛品种,以及优良地方品种。

4. 绵羊、山羊良种补贴

补贴范围:我国于2009年、2011年相继对绵羊、山羊实施畜牧良种补贴，目前在河北、内蒙古、辽宁、吉林、黑龙江、安徽、山东、河南、湖北、湖南、广西、四川、贵州、云南、西藏、甘肃、青海、宁夏、新疆19个省、自治区及新疆生产建设兵团和黑龙江农垦等各项目省选择能繁母羊存栏2万只以上的县（市）实施。2016年国家继续实施种公羊补贴政策。

补贴对象：项目县内存栏能繁母羊30只以上的养殖户。

补贴标准：绵羊、山羊种公羊每只一次性补贴800元。

补贴品种：国家批准引进和自主培育的绵羊、山羊品种，以及优良地方品种。

5. 牦牛良种补贴

补贴范围：我国于2011年对牦牛实施畜牧良种补贴，目前在四川、西藏、甘肃、青海、新疆5个项目省（自治区）实施，项目县的选择由项目区省级畜牧兽医主管部门结合本地实际确定。2016年国家继续实施牦牛补贴政策。

补贴对象：项目县内牦牛能繁母牛25头以上的养殖户。

补贴标准：牦牛种公牛一次性补贴2000元/头。

补贴品种：国家批准引进和自主培育的牦牛品种，以及优良地方品种。

（三）不予补贴的范围

（1）没有使用国家规定农作物品种的，不给补贴。

（2）没有达到国家规定养殖规模的，不给补贴。

（3）没有购买国家规定优良品种的，不给补贴。

（4）配种没有成功或达不到配种要求的，不给补贴。

四、农机具购置补贴

农机具购置补贴是指中央财政为支持农民个人和直接从事

农业生产的农机服务组织购买符合国家要求且经过农机鉴定机构检测合格的农业机械、提高农业机械化水平而提供的一种资金补贴。

(一)实施范围

农机具购置补贴始于 1998 年，于 2004 年上升为中央重大支农惠农政策，实施范围每年都会有所调整，2012 起已经实现了全国所有农牧业县(场)的全覆盖。

(二)补贴对象

农机具购置补贴的补贴对象包括购买和更新大型农机具的农民个人、农场职工、农机专业户和直接从事农业生产的农机服务组织。

(三)补贴标准

一般农机每档次产品补贴额原则上按不超过该档产品上年平均销售价格的 30%测算，单机补贴额不超过 5 万元；挤奶机械、烘干机单机补贴额不超过 12 万元；100 马力以上大型拖拉机、高性能青饲料收获机、大型免耕播种机、大型联合收割机、水稻大型浸种催芽程控设备单机补贴额不超过 15 万元；200 马力以上拖拉机单机补贴额不超过 25 万元；大型甘蔗收获机单机补贴额不超过 40 万元；大型棉花采摘机单机补贴额不超过 60 万元。

不同地区农机购置补贴政策的实施方式略有不同，根据国家绒毛用羊产业技术体系产业经济研究团队 2014 年的调研情况来看，新疆巩留县对养殖户购进青储收割机、粉碎机、打捆机实行国家购机补贴 30%的基础上，再给予 20%的县级财政补助，也就是说，若一台机器 1000 元，可享受国家补贴 300 元，县财政补贴200元。

（四）补贴种类

每年农业部根据全国农业发展需要和国家产业政策，并充分考虑各省地域差异和农牧业机械发展实际情况，确定补贴机具种类。2016年补贴种类共计11大类43个小类137个品目。粮食主产省要选择粮食生产关键环节急需的部分机具品目敞开补贴，主要包括深松机、免耕播种机、水稻插秧机、机动喷雾喷粉机、动力（喷杆式、风送式）喷雾机、自走履带式谷物联合收割机（全喂入）、半喂入联合收割机、玉米收获机、薯类收获机、秸秆粉碎还田机、粮食烘干机、大中型轮式拖拉机等。棉花、油料、糖料作物主产省要对棉花收获机、甘蔗种植机、甘蔗收获机、油菜子收获机、花生收获机等机具品目敞开补贴。

（五）兑付方式

实行"自主购机、定额补贴、县级结算、直补到卡（户）"的兑付方式，具体操作办法由各省制定。农民必须到由企业确定、省级农机化主管部门公布的补贴产品经销商那里去购买农机具，在购买过程中可以与经销商讨价还价，最后付账时只需要支付协商价格扣除补贴额之后的差价即可。

（六）不予补贴范围

（1）不是在中华人民共和国境内生产的农机具，不给补贴。

（2）没有获得部级或省级有效推广鉴定证书的农机具（新产品补贴试点除外），不给补贴。

（3）没有在明显位置固定标有生产企业、产品名称和型号、出厂编号、生产日期、执行标准等信息的永久性铭牌的农机具，不给补贴。

第二节 新型经营主体新增补贴

自2013年中央1号文件首次提出“新增补贴向专业大户、家庭农场、农民合作社等新型生产经营主体倾斜”以来，新型经营主体一下变成了“香饽饽”。为推动新型经营主体的发展，从中央到地方纷纷出台政策扶持。

一、对家庭农场的补助扶持

家庭农场是指以家庭成员为主要劳动力，从事农业规模化、集约化、商品化生产经营，并以农业为主要收入来源的新型农业经营主体。在美国和西欧一些国家，农民通常在自有土地上经营，也有的以租入部分或全部土地经营。农场主本人及其家庭成员直接参加生产劳动。早期家庭农场是独立的个体生产，在农业中占有重要地位。中国农村实行家庭承包经营后，有的农户向集体承包较多土地，实行规模经营，也被称为家庭农场。

(一)家庭农场登记扶持政策

一般而言，作为普通民事主体的个体工商户、个人独资企业、合伙企业和有限责任公司在登记时，需要按照有关规定缴纳费用。从目前来看，家庭农场登记在部分地区明确规定免收费用。如河南、山东等地明文规定家庭农场登记免收注册登记费、验照年检费和营业执照工本费；江苏宿迁还出台了家庭农场奖补政策，对在工商部门注册登记、取得营业执照，并经市农业主管部门认定的从事粮食种植的家庭农场，一次性给予补助10万元，用于支持家庭农场新建水泥晒场和仓储设施。

(二)土地承包经营权流转奖补

各地政府积极促进土地承包经营权向家庭农场流转，如上海、安徽、山东等地均出台了相关政策文件。以上海为例，该市开展了现代农业组织化经营专项奖补试点，对从事粮食生产、种植面积在100亩以上、并与自身生产经营能力相匹配的家庭农场，由市、区县财政分别给予每亩100元的专项补贴。补贴资金由市财政局拨付给试点区财政局，并由区财政配套后，将市、区县两级奖补资金一并拨付至承包农户一折通(一卡通)账户。

(三)信贷服务扶持

根据2013年中国农业银行发布的《中国农业银行专业大户(家庭农场)贷款管理办法(试行)》的相关规定，单户贷款额度最高可到1000万元;在贷款用途上，除了满足客户购买农业生产资料等流动性资金需求，还可以用于农田基本设施建设和支付土地流转费用，贷款期限最长可达5年。除了银行出台政策外，地方政府也在积极完善信贷服务。如青岛市、平度市支持新型农业经营主体以土地经营权抵押融资，

(四)农业保险保费补贴

补贴品种：中央财政提供农业保险保费补贴的品种主要有15个，分别是玉米、水稻、小麦、棉花、马铃薯、油料作物、糖料作物、能繁母猪、奶牛、育肥猪、天然橡胶、森林、青稞、藏系羊、牦牛等。

补贴比例：对于种植业保险，中央财政对中西部地区补贴40%，对东部地区补贴35%，对新疆生产建设兵团、中央直属垦区、中储粮北方公司、中国农业发展集团公司(以下简称“中央单位”)补贴65%，省级财政至少补贴25%。对能繁母猪、奶牛、育

肥猪保险，中央财政对中西部地区补贴50%，对东部地区补贴40%，对中央单位补贴80%，地方财政至少补贴30%。对于公益林保险，中央财政补贴50%，对大兴安岭林业集团公司补贴90%，地方财政至少补贴40%；对于商品林保险，中央财政补贴30%，对大兴安岭林业集团公司补贴55%，地方财政至少补贴25%。

补贴区域　中央财政农业保险保费补贴政策覆盖全国，地方可自主开展相关险种。

（五）耕地保护与质量提升补助

国家鼓励和支持种粮大户、家庭农场等新型农业经营主体及农民还田秸秆，加强绿肥种植，增施有机肥。一是全面推广秸秆还田综合技术。在南方稻作区，主要解决早稻秸秆还田影响晚稻插秧抢种的问题。在华北地区，主要解决玉米秸秆量大，机械粉碎还田后影响下茬作物生长、农民又将粉碎的秸秆搂到地头焚烧的问题。根据不同区域特点，推广应用不同秸秆还田技术模式。二是加大地力培肥综合配套技术应用力度。集成秸秆还田、增施有机肥、种植肥田作物、施用土壤调理剂等地力培肥综合配套技术，在开展补充耕地质量验收评定试点工作和建设高标准农田面积大、补充耕地数量多的省份大力推广应用。三是加强绿肥种植示范区建设。主要在冬闲田、秋闲田较多，种植绿肥不影响粮食和主要经济作物发展的地区，设立绿肥种植示范区。

二、对农民专业合作社的补助扶持

（一）产业政策倾斜

《中华人民共和国农民专业合作社法》（以下简称《农民专业

合作社法》)第四十九条规定,国家支持发展农业和农村经济的建设项目,可以委托和安排有条件的有关农民专业合作社实施。只要适合农民专业合作社承担的涉农项目,都应将农民专业合作社纳入申报范围,明确申报条件。

1. 申报条件

农民专业合作社承担相关涉农项目应具备以下条件:

(1)经工商行政管理部门依法登记并取得农民专业合作社法人营业执照。

(2)有符合法律、法规规定的组织机构、章程和财务管理等制度。

(3)经营状况和信用记录良好。

(4)符合有关涉农项目管理办法(指南)规定的各项条件。

2. 申报程序

符合条件的农民专业合作社可以按照政府有关部门项目指南的要求,向项目主管部门提出承担项目申请,经项目主管部门批准后实施。

3. 申报优势

(1)合作社重点享受国家政策倾斜。国家各项惠农政策的扶持主体正逐渐从农业企业向农民专业合作社倾斜。

(2)合作社拥有"对话政府"的权利。合作社项目申报间接拥有着与政府直接对话的权利。因为合作社直接代表农民群体,与政府的关系是指导、扶持和服务的关系,不是领导与被领导的关系。合作社主管部门以项目申报标准和要求指导合作社规范化、规模化发展,合作社通过项目申报向政府反映生产经营状况、社员合作关系、农民的基本诉求。

(3)合作社项目申报门槛低,机会大。合作社相比公司申报项目,成功机会更大。国家各项惠农政策不断往农民专业合作社倾斜，扶持项目逐年增加，扶持资金逐年增长，合作社受益范围随之扩大。

(4)申报材料简易，编撰难度低。相关部门充分考虑合作社的特殊情况，最大限度地简化了合作社申报项目的材料要求。

(二)财政扶持政策

1. 优先获得农机购置补贴

国家明确规定农民专业合作社购买农机具优先给予补贴。

2. 提高省储粮交售奖励标准

在省储粮交售奖励上，我国部分地区也重点扶持农民专业合作社，奖励标准比一般农户要高。

3. 发放“农机作业券”

有的地区以“农机作业券”形式支持农民专业合作社。如浙江省衢州市规定，对本区域应用水稻机械化插秧、油菜机械化收获作业的农户，给予每亩40元的补贴；对接受具有一定规模(服务面积达到500亩)以上的植保、粮食、农机等合作社病虫害统一防治的农户，给予每亩40元的补贴。上述补贴以“农机作业券”的形式发放，其中浙江省财政负担60%，市县负担40%。

4. 专项经费扶持

部分地区还对合作社加强自身建设提供经费支持。如重庆市涪陵区先后启动区级农民专业合作社示范补助项目和品牌建设奖励项目，对每个示范社给予5万元的财政补助，对通过无公害农产品、绿色食品、有机食品质量认证的合作社分别给予3万元、5万元和10万元的奖励。

5. 为合作社提供更优的服务

地方政府为合作社提供更多的技术服务和生产资料支持。如江西省樟树市通过零距离办证、上门技术服务、免费测土施肥等服务，使合作社享受到优于一般农户的服务和支持，同时当地农业局还免费向合作社提供良种，并经常向合作社赠送肥料等生产资料。

（三）金融扶持政策

《农民专业合作社法》第五十一条规定，国家政策性金融机构和商业性金融机构应当采取多种形式，为农民专业合作社提供金融服务。

（四）税收优惠政策

根据《财政部国家税务总局关于农民专业合作社有关税收政策的通知》规定，对农民专业合作社的税收政策可按下列情况办理：

（1）对农民专业合作社销售本社成员生产的农业产品，视同农业生产者销售自产农业产品免征增值税。

（2）增值税一般纳税人从农民专业合作社购进的免税农产品，可按13%的扣除率计算抵扣增值税进项税额。

（3）对农民专业合作社向本社成员销售的农膜、种子、种苗、化肥、农药、农机、免征增值税。

（4）对农民专业合作社与本社成员签订的农业产品和农业生产资料购销合同，免征印花税国家和地方每年都要设置一定的财政专项资金，用于支持农业产业化发展，其中就有对农业企业尤其是龙头企业扶持的资金。财政专项资金的使用主要体现在对农业企业的项目扶持上。

1. 农业综合开发产业化经营项目

其主要有经济林及设施农业种植、畜牧水产养殖等种植养殖基地项目，农产品加工项目，储藏保鲜、产地批发市场等流通设施项目。规定在工商部门注册1年以上、具备可持续经营能力的龙头企业，均可申报产业化经营项目。单个财政补助项目的财政资金申请额度不高于自筹资金额度，单个贷款贴息项目的贷款额度一般不高于1亿元人民币。申请额度下限由各省根据实际情况自行确定。

2. 菜果茶标准化创建项目

2016年继续开展园艺作物标准园创建，在蔬菜、水果、茶叶专业村实施集中连片推进，实现由“园”到“区”的拓展。在资金安排上，加大对种植大户、专业化合作社和龙头企业发展标准化生产的支持力度，推进蔬菜生产的标准化、规模化、产业化。

3. 畜牧标准化规模养殖项目

2014年，中央财政共投入资金38亿元支持发展畜禽标准化规模养殖。其中，中央财政安排25亿元支持生猪标准化规模养殖小区（场）建设，安排10亿元支持奶牛标准化规模养殖小区（场）建设，安排3亿元支持内蒙古、四川、西藏、甘肃、青海、宁夏、新疆以及新疆生产建设兵团肉牛肉羊标准化规模养殖场（小区）建设。支持资金主要用于养殖场（小区）水电路改造、粪污处理、防疫、挤奶、质量检测等配套设施建设等。2016年国家继续支持奶牛、肉牛和肉羊的标准化规模养殖。

4. 动物防疫补贴

对农业企业而言，一是重大动物疫病强制免疫疫苗补助，国家对高致病性禽流感、口蹄疫、高致病性猪蓝耳病、猪瘟、小反刍兽疫等动物疫病实行强制免疫政策；强制免疫疫苗由省级政府组织招标采购；疫苗经费由中央财政和地方财政共同按比例分担，养殖场不用支付强制免疫疫苗费用。二是畜禽疫病扑杀补助，国家对高致病性禽流感、口蹄疫、高致病性猪蓝耳病、小反刍兽疫发病动物及同群动物和布鲁氏菌病、结核病阳性奶牛强制扑杀给养殖者造成的损失予以补助，补助经费由中央财政、地方财政和养殖场按比例承担。三是养殖环节病死猪无害化处理补助,国家对年出栏生猪50头以上,对养殖环节病死猪进行无害化处理的生猪规模化养殖场(小区),给予每头80元的无害化处理费用补助,补助经费由中央和地方财政共同承担。四是生猪定点屠宰环节病害猪无害化处理补贴。国家对屠宰环节病害猪损失和无害化处理费用予以补贴,病害猪损失财政补贴标准为每头800元,无害化处理费用财政补贴标准为每头80元,补助经费由中央和地方财政共同承担。

5.“双百”市场工程

商务部于2006年启动了“双百”市场工程,支持100家大型农产品批发市场和100家大型农产品流通企业,建设或改造配送中心、仓储、质量安全、检验检测、废弃物处理及冷链系统等。政策支持方向是重点支持农产品批发市场进行冷链、质量安全可追溯、安全监控、废弃物处理等准公益性设施以及交易厅棚、仓储物流、加工配送、分拣包装等经营性设施建设和改造;支持农贸市场进行交易厅棚、冷藏保鲜、卫生、安全、服务等设施建设和改造。

6. 农产品现代流通综合试点

此项目于2011年开展,扶持方向是支持农产品批发市场改造升级,完善功能;支持农贸市场提档升级;支持大型连锁超市与从事鲜活农产品生产的农民专业合作社或农业产业化龙头企业开展农超对接;支持探索和创新农产品流通模式。试点地区包括江苏、浙江、安徽、江西、河南、湖南、四川、陕西等省。

(五)税收优惠政策

税收优惠政策主要包括所得税减免、增值税减免、土地使用税减免、出口退税以及其他税收优惠政策(如减免农林特产税等)。部分地区扶持农业龙头企业税收优惠政策见表10-1。

表 10-1　中国部分地区扶持龙头企业的税收优惠政策

四川	所得税政策	龙头企业暂免征企业所得税。龙头企业及其生产基地视为同一纳税单位,免征农业特产税,由龙头企业统一纳税。对生产基地遭受严重自然灾害的龙头企业,可减征或免征所得税 1 年
	增值税政策	粮食加工龙头企业不分企业性质,与国有粮食购销企业享受同等待遇,免征增值税
	关税政策	龙头企业兴办的良种、良畜(禽)试验推广项目,免征进口税和进口环节增值税
	其他税收政策	允许重点龙头企业提取销售收入的 5%以上作为技术改进费并计入管理费用;企业研究开发新产品、新技术、新工艺所发生的各项费用按实际发生额计入管理费用。技改、购买国产设备的投资抵免企业所得税
江苏	所得税政策	对从事种植业、养殖业和农林产品初加工取得的所得暂免征企业所得税;从 2005 年起,新建年销售收入 5000 万元以上的农产品加工龙头企业,暂免征企业所得税
	增值税政策	进项税额扣除率为 13%列入市级以上龙头企业的粮食加工企业,免征增值税
	土地使用税政策	龙头企业用于农产品生产基地、加工、临时交易的用地,视为农业用地对待。土地使用税、房产税纳税有困难的,按税收管理权限报批减免
	关税政策	免征进口环节增值税和进口关税
	其他税收政策	国产设备投资的 40%,可从企业技术改造项目设备购置当年比前一年新增的企业所得税中抵免;对新建的农产品专业市场免收 3 年市场管理费

续表

安徽	所得税政策	国家级重点龙头企业暂免征企业所得税。龙头企业遭受严重自然灾害，减征或免征企业所得税1年。对提供技术服务或劳务服务所取得的收入暂免征所得税
	增值税政策	对从事种植业、养殖业的龙头企业销售本企业自产的农产品，免征增值税。对龙头企业生产、销售的种子、种苗、饲料（不含豆粕）免征增值税
	土地使用税政策	对龙头企业直接用于农、林、牧、渔业的生产用地，免征城镇土地使用税。对经批准改造的废弃土地，从使用的月份起，10年内免征城镇土地使用税
	关税政策	免征进口环节增值税和进口税
	其他税收政策	对龙头企业投资国产设备投资的40%，可从当年新增企业所得税中抵免，抵免期限为5年
江西	所得税政策	省级龙头企业暂免征所得税；研究开发费用计入管理费用，税前扣除，研究费用增长比例在10%以上的盈利企业，再按实际技术开发费发生额的50%抵扣应纳税所得额
	增值税政策	按13%的扣除率抵扣进项税额；自产自销农产品免征增值税；免征综合利用产品所交的增值税；联销经营总部集中申报缴纳增值税
	关税政策	免征进口环节增值税和进口税
	其他税收政策	购买国产设备投资抵免40%的所得税；高新技术企业并在高新技术产业区的，可按减15%的税率征收所得税；新办并在高新技术产业区的高新技术企业，自投产之日起免征2年企业所得税

续表

福建	所得税政策	对从事高新技术、资源综合利用、农业技术转让的农业产业化经营龙头企业，以及为农产品生产、加工、流通服务的行业，给予税收优惠
	其他税收政策	对新建的各种农产品专业市场、集贸市场免收3年市场管理费
贵州	所得税政策	对国有农业企事业单位从事种植业、养殖业和农林产品初加工业取得的所得暂免征企业所得税
	关税政策	免征进口环节增值税和进口关税
	其他税收政策	国产设备投资的所得税抵免政策
	所得税政策	对国家级重点龙头企业从事种植业、养殖业和农产品初加工取得的收入，暂免征企业所得税
湖北	关税政策	免征进口环节增值税和进口关税
	其他税收政策	国产设备投资的40%可从企业技术改造项目设备购置当年比前一年新增的企业所得税中抵免
	所得税政策	从事种植业、养殖业和农林产品初加工并与其他业务分别核算的重点龙头企业，暂免征企业所得税
广西	其他税收政策	重点龙头企业所属的控股子公司，直接控股比例超过50%（不含50%）且子公司以农产品加工、流通为主业的，可享优惠政策；子公司从事种植业、养殖业和农林产品初加工可享受重点龙头企业所得税减免优惠政策

续表

广西	所得税政策	对国家重点龙头企业从事种植业、养殖业和农林产品初加工所得，暂免征企业所得税。市级龙头企业研究开发新品种、新技术、新工艺所发生的各项费用在缴纳企业所得税前扣除
重庆	增值税政策	征收产品增值税的税率不超过13%；销售自产的农产品及经初级加工后仍属农产品的，免征增值税；粮食加工企业免征增值税
	其他税收政策	市级龙头企业在未明确使用权的土地及非耕地上发展种植业和养殖业，从取得收益之年起，免征5年农林特产税
北京	增值税政策	市级重点龙头企业生产自销的农产品，免在增值税
	关税政策	免征关税

（六）金融扶持政策

农业企业的发展需要得到多方面的扶持，特别是在资金方面。中国农业银行、农村信用社和农业发展银行都在积极支持农业企业的发展。

（七）特殊政策

1．设施农用地支持政策

主要是将规模化粮食生产必需的配套设施用地纳入“设施农用地”管理。农业企业等从事规模化粮食生产必需的配套设施用地，包括晾晒场、粮食烘干设施、粮食和农资临时存放场所、大型农机具临时存放场所等设施用地，按照农用地管理，不需要办理农用地转用审批手续。

2. 用电用水优惠政策

(1)规模化生猪、蔬菜等生产的用水、用电与农业同价。

(2)电力部门对粮食烘干机械用电按农业生产用电价格从低执行的政策。

三、对社会化服务组织的补助扶持

1. 测土配方施肥补助

2016 年，国家深入推进测土配方施肥，免费为 1.9 亿农户提供测土配方施肥技术服务，推广测土配方施肥技术 15 亿亩以上。其中部分资金用于支持专业化、社会化配方施肥服务组织发展，用信息化手段开展施肥技术服务。

2. 农业生产全程社会化服务试点

国家继续安排农业技术推广与服务资金，用于引导、支持服务组织为农户在粮食生产过程中，包括工厂化育种供秧、农业生产机械化、植保统防统治、农业生产资料统一配送、订单收购及相应的技术指导和服务等环节，提供全程社会化服务。根据服务组织开展社会化服务能力和质量，财政给予一定的资金补贴。

我国出台的针对家庭农场、农民专业合作社、农业企业以及社会化服务组织的补助扶持政策，极大地推动了新型农业经营主体的发展，提高了新型农业经营主体从事农业生产的积极性，从而有效带动了我国现代农业的发展，提高了我国农业生产的专业化和规模化水平。

第三节　农业补贴政策的调整

随着农业农村发展形势发生深刻变化，农业补贴政策效应递减，政策效能逐步降低，迫切需要调整完善。国家有关部门也在不断实践摸索中对农业补贴政策进行调整。

一、“三补合一”政策

2015 年，财政部、农业部选择安徽、山东、湖南、四川和浙江 5 省，由省里选择一部分县市开展农业“三补合一”改革试点。试点的主要内容是将农业“三项补贴”合并为“农业支持保护补贴”。一是将 80％的农资综合补贴存量资金，加上种粮农民直接补贴和农作物良种补贴资金，用于耕地地力保护，直接现金补贴到户。补贴对象为所有拥有耕地承包权的种地农民，享受补贴的农民要做到耕地不撂荒，地力不降低。补贴资金需要与耕地面积或播种面积挂钩，并严格掌握补贴政策界限。对已作为畜牧养殖场使用的耕地、林地、成片粮田转为设施农业用地、非农业征（占）用耕地等已改变用途的耕地，以及长年抛荒地、占补平衡中“补”的面积和质量达不到耕种条件的耕地等不再给予补贴。二是 20％的农资综合补贴存量资金，加上种粮大户补贴试点资金和农业“三项补贴”增量资金，按照全国统一调整完善政策的要求支持粮食适度规模经营。

2016 年，农业“三项补贴”改革在总结试点经验、进一步完善政策措施的基础上在全国范围内推开。

二、生产大县奖励补贴政策

(一)产粮(油)大县奖励政策

为改善和增强产粮大县财力状况，调动地方政府重农抓粮积极性，2005年中央财政出台了产粮大县奖励政策。2015年中央财政安排产粮(油)大县奖励资金371亿元，2016年中央财政将继续实施产粮(油)大县奖励政策。2015年产粮大县奖励资金由中央财政测算分配到县。对常规产粮大县，主要依据2009～2013年5年平均粮食产量大于4亿斤[①]，且商品量(按粮食产量扣除农民口粮、饲料粮、种子用粮测算)大于1000万斤来确定；对虽未达到上述标准，但在主产区产量或商品量列前15位，非主产区列前5位的县也可纳入奖励；上述两项标准外，每个省份还可以确定1个生产潜力大、对地区粮食安全贡献突出的县纳入奖励范围。在常规产粮大县奖励基础上，中央财政对2009～2013年五年平均粮食产量或商品量分别列全国前100名的产粮大县，作为超级产粮大县给予重点奖励。奖励资金采用因素法分配，粮食商品量、产量、播种面积、绩效评价权重分别为60%、20%、18%、2%，常规产粮大县奖励资金与省级财力状况挂钩，不同地区采用不同的奖励系数，常规产粮大县奖励标准为700万～9000万元，奖励资金作为一般性转移支付，由县级人民政府统筹使用；超级产粮大县奖励资金用于扶持粮食生产和产业发展。

产油大县奖励入围条件由省级人民政府按照“突出重点品种、奖励重点县(市)”的原则确定，入围县享受奖励资金不得低

① 1斤=500克

于100万元。2016年产油大县存量奖励资金分配由中央财政根据2011～2013年分省分品种油料(含油料作物、大豆、棉籽、油茶籽)产量及折油脂比率,测算各省(区、市)3年平均油脂产量,作为奖励因素。油菜子增加奖励系数20%,大豆已纳入产粮大县奖励的继续予以奖励,奖励资金全部用于扶持油料生产和产业发展。

(二)生猪(牛羊)调出大县奖励政策

为调动地方政府发展生猪(牛羊)养殖积极性,促进生猪(牛羊)生产、流通,引导产销有效衔接,保障市场供应,2015年中央将生猪大县奖励政策调整为生猪(牛羊)调出大县奖励政策,将牛、羊也纳入奖励范围。由此,奖励资金扩大到生猪调出大县奖励资金、牛羊调出大县奖励资金和省级统筹奖励资金三个部分,要求对生猪调出大县前500名、牛羊调出大县前100名给予支持。此外,进一步明确资金支持范围,包括生猪(牛羊)生产环节的圈舍改造、良种引进、污粪处理、防疫、保险、牛羊饲草料基地建设,以及流通加工环节的冷链物流、仓储、加工设施设备等方面的支出。

三、农产品目标价格政策

2014年,为探索推进农产品价格形成机制与政府补贴脱钩的改革,逐步建立农产品目标价格制度,切实保证农民收益,国家启动了东北和内蒙古大豆、新疆棉花目标价格改革试点,积极探索粮食、生猪等农产品目标价格保险试点,开展粮食生产规模经营主体营销贷款试点。2016年国家继续实施并不断完善相关政策。

四、粮食适度规模经营补贴

补贴方式：鼓励各地创新新型经营主体支持方式，采取贷款贴息、重大技术推广与服务补助等方式支持新型经营主体发展多种形式的粮食适度规模经营，不鼓励对新型经营主体采取现金直补。对新型经营主体贷款贴息可按照不超过贷款利息的50%给予补助。对重大技术推广与服务补助，可以采取“先服务后补助”、提供物化补助等方式。

补贴对象：重点向种粮大户、家庭农场、农民合作社和农业社会化服务组织等新型经营主体倾斜，体现“谁多种粮食，就优先支持谁”。

补贴目的：加快推进农业社会化服务体系建设，在粮食生产托管服务、病虫害统防统治、农业废弃物资源化利用、农业面源污染防治等方面，积极采取政府购买服务等方式支持符合条件的经营性服务组织开展公益性服务，积极探索将财政资金形成的资产折股量化到组织成员。

五、最低收购价政策

中国有句俗语叫“谷贱伤农”，顾名思义，就是粮食收购价低，将极大地影响到农民的收入，为保护农民利益，防止“谷贱伤农”，2016 年我国继续在小麦主产区、稻谷主产区实行最低收购价政策。

所谓最低收购价是指承担最低收购价收购任务的收储库点向农民直接收购标准品的到库价。能够享受此政策的粮食指的是：小麦、早籼稻、中晚籼稻、粳稻。

大家还要把握一点，上述最低收购价格指的是到库价。近年来，随着农业社会化服务体系的发展，农民粮食经纪人蓬勃发展，为种粮农民提供了便利，其走村串户的粮食收购价格是自主协商形成的，与最低收购价概念是不同的。

国家发展改革委、国家粮食局等六部门发布的2016年《小麦和稻谷最低收购价执行预案》规定，2016年小麦和稻谷最低收购价的收购时间和价格如下：

(1)2016年小麦最低收购价政策

主产区：河北、江苏、安徽、山东、河南、湖北。

价格：每50千克118元(1.18元/500克)。

(2)2016年早籼稻最低收购价政策。

主产区：安徽、江西、湖北、湖南、广西。

价格：每50千克133元(1.33元/500克)

(3)2016年中晚稻(包括中晚籼稻和粳稻)最低收购价政策

①主产区：江苏、安徽、江西、河南、湖北、湖南、广西、四川。

②主产区：辽宁、吉林、黑龙江。

价格：中晚籼稻每50千克138元(1.38元/500克)，粳稻每50千克155元(1.55元/500克)

(4)2016年粮食最低收购价质量标准如下：

以2016年生产的国标三等粮为标准品，以安徽省公布的2016年中晚稻最低收购价政策为例：

标准品中晚籼稻的具体质量标准为：杂质1%以内，水分13.5%以内，出糙率75%～77%(含75%，不含77%)，整精米率44%～47%(含44%，不含47%)；

标准品粳稻的具体质量标准为：杂质1%以内，水分14.5%以内，出糙率77%～79%(含77%，不含79%)，整精米率55%～58%(含55%，不含58%)。

参考文献

[1]傅江华，等.农村经营管理[M].北京：中国农业出版社，2016.

[2]刘西涛，王炜.现代农业发展政策研究[M].北京：中国财富出版社，2016.

[3]傅泽田，张领先，李鑫星.互联网＋现代农业：迈向智慧农业时代[M].北京：电子工业出版社，2016.

[4]吴沛良.现代农业建设迈上新台阶[M].南京：江苏人民出版社，2015.